マネジメント の リスキリング

ジョブ・アサインメント技法を習得し、
他者を通じて業績を上げる

はじめに

プレイヤーからマネジャーへのリスキリング

　本書のタイトルは、『マネジメントのリスキリング』である。リスキリング（Re-skilling）という言葉を使っている意味は、企業経営において、マネジメントスキルという職業能力を再開発・再教育することが喫緊の課題になっているというメッセージである。昇進によってマネジメントを担当することになったがマネジメントに対しては自信がない（プレイング）マネジャーが、他者を通じて業績を上げられる真のマネジャーに変わることに貢献したいという思いである。

　本書は、マネジャーになって数カ月から数年という課長相当職のマネジャーの方々を想定読者として執筆している。もちろん、課長を育成する立場にある部長相当職の方々に読んでいただいても得るものがあると考えているが、執筆にあたっては、常に一般社員を直接マネジメントしている方々のことを思い浮かべながら、対話をするつもりで書き進めた。

　もとになっている知識は、リクルートワークス研究所（所長：1999 ～ 2020 年、アドバイザー：2020 年～現在）で研究員とともに研究してきた成果がひとつ、民間企業・官公庁やビジネススクールでマネジメントの研修講師・講義を行ってきた中での蓄積がひとつ、そして自分自身がリクルートにて 30 年強にわたって行ってきたマネジメントの実務経験である。

　マネジメントの指導をするには、マネジメントの実践において試行錯誤を繰り返してきたことと、理論的な研究によってマネジメントと向き合ったことの両方が必要だと思う。またマネジメントについての知識だけでなく、経営人事に関する知識や、キャリアに関する知識もあることが望ましい。そういう意味で、私が貢献できるのではないかと考えたのである。

　現在ほどマネジメント（スキル）というものに注目が集まったことはない。リーダーシップには古くから目が向けられてきたが、マネジメントはその陰

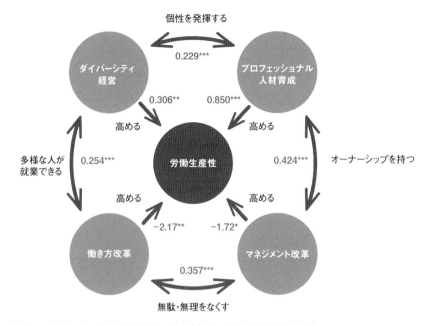

注(1)：双方向矢印の数字は相関係数、片方向矢印の数字は回帰係数を示す
注(2)：***1%、**5%、*10%で統計的に有意
出所：リクルートワークス研究所「人材マネジメント調査」（2017年）を再分析

に隠れて、軽視されてきたと思う。

　きっかけになったのは、働く人々の多様化である。同質性が高い組織に比べて、マネジメントすることの難度が格段に上がった。全員に対してひとつのマネジメントを行うのではなく、相手に合わせて個別のマネジメントを行わなければならなくなった。そして追い打ちをかけるように働き方改革がはじまり、COVID-19（新型コロナウイルス感染症）によってさらに状況は進んだ。足りない成果を残業という方法で穴埋めすることができなくなり、テレワークによりメンバーは目の前からいなくなった。

　従来の日本型経営から「人的資本経営」へと、企業経営・人事の概念が変わり、従業員が持続的に価値創造を行う組織への変革が求められたことも、

マネジメントへの期待を一層高めたように思う。

　前ページの図は、企業の人事部門への調査結果をもとにマネジメントを取り巻く環境を示したものである。

□ダイバーシティ経営、働き方改革、プロフェッショナル人材育成、マネジメント改革は、それぞれに正の相関関係がある
□マネジメント改革と働き方改革はともに「無駄・無理をなくす」ことを通じて、総労働時間を減少させ、労働生産性を高める効果がある
□マネジメント改革とプロフェッショナル人材育成はともに「(仕事とキャリアに対する)オーナーシップを持つ」ことに貢献する
□ダイバーシティ経営とプロフェッショナル人材育成はともに「(従業員一人ひとりが)個性を発揮する」ことを促し、新しい価値の創造を促すことを通じて、労働生産性を高める効果がある

　マネジメントがあるべき姿になれば、ダイバーシティ経営や働き方改革が地に足のついた状態になり、促進される。プロの育成も進む。これらは企業にとって重要なテーマである持続的な生産性向上につながっているということである。従業員による知識創造は、人的資本経営のテーマそのものと言っていいだろう。

　このような前提にあれば、マネジメントスキルをリスキリングし、真のマネジャーをつくることに投資することは、合理的な企業行動だと考えられるのである。

　マネジメントのリスキリングは、一定期間マネジメントの実践経験を積んだ人に対し、研修や専門書購読、多面観察評価、上司の指導などがセットで行われることで効果が上がるものである(詳細は第10章参照)。

　現状、マネジメントに自信を持っているマネジャーの割合は、わずか25％にすぎない。自信がない人がマネジメントスキルを習得し、マネジメ

ントが楽しくなれば、企業の生産性は大きく向上し、働く人々のワーク・エンゲージメントも高まる。

　マネジメント研修の機会にサブテキストとしてお使いいただくのも良し、マネジメントスキルを高めたいと願うマネジャーが自己啓発のためにお読みになるのも良し。本書が読者のマネジメントスキル向上の一助となれば、望外の幸せである。

本書の読み方・使い方

□第1章から第10章までそれぞれのおわりに「1分間で読める！　サマリー」を付けています。本文を読んだ後に確認として使うか、先にサマリーを読んで内容を大づかみしてから本文を読むか、自由にお選びください。

□基本的にどこからお読みいただいても構いませんが、第2章に中核となる「ジョブ・アサインメント」に関する解説があります。第3章以降、テーマ別にマネジメントのポイントを整理しており、ジョブ・アサインメントの各項目とつないで説明していますので、第2章は第3章以降よりも先にお読みください。

□本文中に IMAGINE 、THINK 、TRY IT を差し込み、読者の皆さんにメッセージを送っています。手を止めて、想像してみたり、考えてみたり、実際にやってみたりしながら、読み進めてください。

□脚注に情報源や関連情報を書き込んでいます。余裕があれば、こちらにもアクセスしてみてください。

□本書はマネジメント研修のサブテキストとして、または多面観察評価後の内省の機会における思考の整理としてお使いいただくと、より効果的だと思います。

目 次

はじめに　プレイヤーからマネジャーへのリスキリング

第1章　キャリアとしての「管理職（マネジャー）」を考える················13
1-1　マネジメントを担当する「管理職」は不人気職種·············14
1-2　理由①：プレイヤーの視点で業績を考えているから··············16
1-3　理由②：マネジメントを管理する仕事だと思っているから········19
1-4　理由③：ミドル以降のキャリアパスが見えていないから··········23
1-5　理由④：管理職になると長時間労働になると思っているから······25
1-6　理由⑤：マネジメントに対して自信がないから·················26
1-7　管理職になるというキャリアをあらためて考える······················28

第2章　マネジメントには黄金法則がある
**　　　　──ジョブ・アサインメント32の行動**··········33
2-1　目的と手段を取り違えないこと·······························34
2-2　ジョブ・アサインメントという基本技術······················40
2-3　ジョブ・アサインメントに溶け込むもの······················43
2-4　目標開発···47
2-5　職務分担···53
2-6　達成支援···60
2-7　評価検証···68

第3章　業績を高める──目標達成支援のマネジメント·············77
3-1　目標の重要性···78
3-2　目標管理の本質は自己管理·································79
3-3　良い目標とはどのような目標か······························82
3-4　個人が立てた目標に寄り添い達成に導く······················91

3-5 マイクロマネジメントの危険性 ……………………………93

3-6 評価結果のフィードバック ………………………………95

第4章 人を育てる——キャリア支援のマネジメント ………………99

4-1 マネジャーはメンバーが「育つ」機会をつくることができる……100

4-2 役割としての人材育成と価値観としての人材育成 ………………103

4-3 個別指導からキャリア支援へ ……………………………105

4-4 強みを磨くことがキャリアの基本戦略 ……………………107

4-5 職業能力を正しく理解しておく ……………………………112

4-6 プロフェッショナルを育成する ……………………………118

4-7 キャリアの振り返りを支援する ……………………………121

4-8 キャリアの展望を支援する ………………………………124

第5章 やる気を引き出す——エンパワーのマネジメント ………………131

5-1 「期待している」というパワーワード ……………………132

5-2 ほめる技術 ………………………………………………135

5-3 正当な評価によるモチベート ……………………………138

5-4 エンパワーメント ………………………………………142

5-5 セルフ・モチベート ……………………………………145

第6章 効率を高める——仕事と時間をデザインするマネジメント ……149

6-1 労働時間は限りある資源 …………………………………150

6-2 マネジメントは無駄な仕事を増やす危険性を持っている ………153

6-3 マネジメントは無駄な仕事を減らす可能性を持っている ………159

6-4 無駄は会議に宿る …………………………………………161

6-5 マネジメントをシェアする ………………………………165

第7章　価値を生み出す——人的資本経営のマネジメント⋯⋯⋯⋯⋯171

7-1　小さな改善・工夫を促すマネジメント⋯⋯⋯⋯⋯⋯⋯⋯172

7-2　人的資本経営への道⋯⋯⋯⋯⋯⋯⋯⋯⋯⋯⋯⋯⋯⋯⋯173

7-3　コグニティブ・ダイバーシティに向けて⋯⋯⋯⋯⋯⋯⋯177

7-4　メンバーの価値創造を支援するスタンス⋯⋯⋯⋯⋯⋯⋯179

7-5　イノベーションの物語の登場人物になる⋯⋯⋯⋯⋯⋯⋯181

7-6　先取り・仕掛けで近未来について対話する⋯⋯⋯⋯⋯⋯183

7-7　「密造酒造り」を見て見ぬふりをする⋯⋯⋯⋯⋯⋯⋯⋯184

第8章　テレワーク普及で求められるリモート・マネジメント⋯⋯⋯189

8-1　目の前からメンバーが消える⋯⋯⋯⋯⋯⋯⋯⋯⋯⋯⋯190

8-2　信頼関係が成立しているか⋯⋯⋯⋯⋯⋯⋯⋯⋯⋯⋯⋯192

8-3　オンライン会議で生産性を上げる方法⋯⋯⋯⋯⋯⋯⋯⋯195

8-4　モニタリングの限界⋯⋯⋯⋯⋯⋯⋯⋯⋯⋯⋯⋯⋯⋯⋯199

8-5　メンバー相互の助け合いを促す⋯⋯⋯⋯⋯⋯⋯⋯⋯⋯201

8-6　フルリモート企業に学ぶ⋯⋯⋯⋯⋯⋯⋯⋯⋯⋯⋯⋯⋯202

第9章　ダイバーシティの深化で求められる配慮のマネジメント⋯⋯⋯207

9-1　エクイティで働きやすい環境をつくる⋯⋯⋯⋯⋯⋯⋯⋯208

9-2　アンコンシャス・バイアスを知る⋯⋯⋯⋯⋯⋯⋯⋯⋯211

9-3　女性リーダーの輩出⋯⋯⋯⋯⋯⋯⋯⋯⋯⋯⋯⋯⋯⋯⋯214

9-4　年長者の経験を活かす⋯⋯⋯⋯⋯⋯⋯⋯⋯⋯⋯⋯⋯⋯217

9-5　外国籍のメンバーとのコミュニケーション⋯⋯⋯⋯⋯⋯221

9-6　仕事と介護の両立支援⋯⋯⋯⋯⋯⋯⋯⋯⋯⋯⋯⋯⋯⋯223

9-7　メンタルヘルス疾患問題に対する配慮⋯⋯⋯⋯⋯⋯⋯⋯227

第10章　マネジメントの経験学習──多面観察評価を活かす……………233

10-1　マネジメントとリーダーシップは違う………………………………234

10-2　経験学習のサイクルを回す……………………………………………235

10-3　多面観察評価を活かす…………………………………………………239

10-4　ハラスメントに対する正しい理解……………………………………240

10-5　正しく叱る………………………………………………………………246

10-6　マネジメントの醍醐味…………………………………………………248

第1章

キャリアとしての「管理職(マネジャー)」を考える

1-1 マネジメントを担当する「管理職」は不人気職種

あなたはマネジメントの仕事にやりがいを感じているだろうか？

自分に適した仕事と思っているだろうか？

好きな仕事だろうか？

これからも継続してやり続けたいと思っているだろうか？

　残念ながらこれらの質問に力強く「YES」と答えてくれる人は多数派ではないようだ。ミドルマネジャーを対象としたマネジメント研修の場で、「あなたはマネジメントの仕事が好きですか？」というアンケートをとったことがある。受講しているのは企業横断で集まった大企業の課長層の人たちが多い。そこでの回答を集計した結果は以下の通りであった。[1]

> Q. わたしはマネジメントの仕事が好きだ
> A. 大いにあてはまる　13.1%
> 　　あてはまる　31.1%
> 　　ある程度あてはまる　27.8%
> 　　あまりあてはまらない　26.2%
> 　　まったくあてはまらない　1.6%

　5件法のアンケートであり最初の2つが肯定的回答と考えられるため、マネジメントが好きな人は13.1%と31.1%を合わせた44.2%となる。現役の管理職で、しかもマネジメント研修を受講している人でも半分弱しか好きな仕事だと思っていないということになる。現在担当している仕事をはっきりと好きと言えないのは、日々のマネジメントに苦労していることの証左だろう。

---

1 経団連事業サービス主催「第18期（2023年度）経団連グリーンフォーラム」の受講者へのアンケート

では、まだ管理職になっていない人は管理職になることに対してどう思っているのだろう。

　まずは新入社員へのアンケート結果を見てみよう。リクルートマネジメントソリューションズによる「新入社員意識調査」（2022年）では、管理職に「なりたい」「どちらかと言えばなりたい」という肯定派は55.6％で、「なりたくない」「どちらかと言えばなりたくない」という否定派12.8％を大きく上回っている。データの解釈としては過半数が肯定的と前向きにとらえることもできるが、新入社員であれば全員が管理職になりたいと思っていてもおかしくないので、かなり低めとも言えそうだ。

　すでに働いている社員はどうだろうか。厚生労働省の「平成30年版　労働経済の分析」（2018年）では、役職なし（一般社員）および係長・主任相当職のうち、「管理職に昇進したいと思わない」と回答した人の比率は61.1％にも達していた。「責任が重くなる（71.3％）」「業務量が増え、長時間労働になる（65.8％）」「現在の職務内容で働き続けたい（57.7％）」「部下を管理・指導できる自信がない（57.7％）」が主な理由である。民間調査機関による同様の調査もいくつかあるが、管理職になりたくない人の比率が7～8割といった結果が繰り返し公表されている状況である。

　マネジメントを担う「管理職」というのはひとつの職種である。日本標準職業分類では、大分類に管理的職業従事者があり、全国で約135万人の管理的職業従事者がいるとされている（2020年の国勢調査）。定義は、専ら経営体の全般または課以上の内部組織の経営管理に従事する者となっている。

　単純に考えれば、管理職は「不人気職種」ということになってしまう。管理職に昇進すれば給与が上がることは誰もがわかっているはず。それなのにこれほど不人気なのはなぜなのだろうか？

IMAGINE

　あなたのメンバーにも管理職になりたくないと考えている人がいませんか？　なぜその人は管理職になりたくないと思っているのか、その理由を想

像してみてください。

1-2 理由①：プレイヤーの視点で業績を考えているから

　それでは私なりに、管理職が不人気職種になっている理由を考えてみたい。

　第一に考えられるのは、管理職が担うマネジメントという役割・仕事について多くの人が誤解しているからではないかということだ。あなたはマネジメントとは何かと聞かれてどのように答えるだろうか。そもそもマネジメントとはどのような仕事なのだろうか。

　マネジメントにはさまざまな定義がなされてきた。たとえば「マネジメント」という言葉の発明者とされる P. F. ドラッカー[2]は、マネジメントとは「組織に成果を上げさせるための道具、機能、機関」であり、マネジメントを実際に遂行するマネジャーは「組織の成果に責任を持つ者」だと定義している。課長であれば課の成果に責任を持つ者であり、そのために必要な権限が与えられているということになる。権限とは予算に関する権限や、目標設定・評価に関する権限、チームメンバーの人事に関する権限などである。この定義は多くの人にとってなじみがある定義だろう。

　一方、マネジメントに関する古典的な教科書であり、今なお世界中で読まれているクーンツ＆オドンネル[3]による 1955 年の名著『Principles of Management』では、マネジメントの役割を "Getting things done through others" つまり、他者を通じて物事を成し遂げる＝他者を通じて業

---

2 P. F. ドラッカー（1909-2005）：経営学者。目標管理を提唱した『現代の経営（上・下）』、マネジメントについて深く解説した『マネジメント──基本と原則［エッセンシャル版］』などは日本でもベストセラーになった。岩崎夏海の小説『もし高校野球の女子マネージャーがドラッカーの「マネジメント」を読んだら』（通称『もしドラ』）も 300 万部を超えるベストセラーになり、NHK 総合でアニメ化（2011 年 4 月）、映画化（同年 6 月）もされている

3 H. D. クーンツ（1908-1984）は、UCLA（University of California, Los Angeles）の経営大学院の教授をしながら、多くの大企業のコンサルタントや社外取締役を務めた。C. J. オドンネル（1900-1976）は、UCLA 経営大学院教授で退職後ジャマイカ政府顧問などを務めた人物

績を上げる、と簡潔に表現している。この定義も多くの人が腹落ちするものだろうが、同時に重要なことに気づくのではないだろうか？　それは、業績は「自分が」上げるものではなく「他者を通じて」上げるものだと定義しているからである。

THINK

「他者を通じて」という時の「他者」とは、誰を指していると思いますか？ すべて挙げてみてください[4]。

　現在管理職である人の多くはプレイングマネジャーである。一般社員の時はプレイヤーとして自分自身で成果を上げる仕事をしていて、その仕事ぶりが評価されて管理職に昇進し、プレイングマネジャーとなる。マネジャーに占めるプレイングマネジャーの割合は、課長職の場合で87％程度である[5]。その後部長職に昇進しても、プレイングマネジャーのままであることが多い。

　プレイングマネジャー化はこの20年程度の間に起きた変化であり、それ以前は、管理職昇進の際にはプレイヤーとしての仕事は手放してマネジメント専任になることが一般的だった。しかし、仕事に必要なスキルが高度になるにつれて、プレイヤーとマネジャーを兼ねたプレイングマネジャーとなることが主流となっていった。プレイングマネジャー化は悪いことではなく、むしろ現在のビジネス環境においてはあるべき姿と考えられている（この点については、第2章2－5で詳しく記述する）。

　プレイヤーとしての役割を持ちながらそのまま昇進するので、管理職昇進の壁が低くなり、新たな立場にとまどうことなくマネジャーの職に就けるようになったが、その分、マネジメントの仕事を担当する者としての心の準備が十分でなく、プレイヤーのマインドのままマネジャーになってしまう人が

---

4 仕事にはさまざまな人が登場する。他者には、直属の部下だけでなく、関連部署や取引先の人なども含まれる。特に上司も他者に含まれるのを忘れないことが重要である
5 リクルートワークス研究所「マネジメント行動に関する調査」（2019年）

第1章 ● キャリアとしての「管理職（マネジャー）」を考える　17

多くなった。

　そうすると、担当組織の成果に責任を持つために、まずは自分自身が中核となって業績を上げようと考え、さらにメンバーが思うように成果を上げられなかった場合は、その穴を自分自身で埋めようとしてしまう。

　もちろんマネジャーとしてメンバーを活かしたいと思うので、仕事を割り振って全員に活躍してもらいたいと思うが、人に仕事を任せるスキル・経験が十分ではないので、うまく仕事を振ることができずに自分自身で抱え込んでしまいやすい。

　典型的には、次のような経験をすることになる。

□**仕事の見通しを立てて段取りを組んでから、適切に仕事を振りたいと思っていたが、プレイヤーとしての目の前の仕事に時間をとられているうちに着手が遅れてしまい、時間切れとなって自分でなんとかしなければならなくなる**

□**仕事を振りたいと思っているのだが、予定外の仕事を振ろうとすると嫌な顔をされてしまうので、頼みにくくなってしまう**

□**なるべく部下に仕事を任せたいと思うのだが、説明してもすぐに理解してもらえず、結果としてやり直しということになりがちなので、自分でやった方が早いと思ってしまう**

□**自分自身が得意な仕事はメンバーに任せても思うようなクオリティにはならないので、つい自分でやってしまう**

　これらは、マネジメントスキルが身についていない段階では多くの人が経験することである。もともとプレイヤーとして行っていた仕事をそのまま継続している場合には、これまでの仕事に上乗せしてマネジメントも行わなければならないので、マネジメントは他者を通じて業績を上げるのだということをつい忘れてしまうのである。

　手間がかかるばかりでメンバーが思うように成果を上げてくれず、プレイ

ヤーとしての自分しか有力な戦力がいないと思うような状況であれば、マネジメントの仕事を好きにはなれないだろう。

1-3　理由②：マネジメントを管理する仕事だと思っているから

マネジメントを日本語に翻訳する時、たいていは「管理」と訳すことになる。「管理職」というくらいなので、管理職になってマネジメントを担うということは、管理する仕事をしろと言われている気分になるのではないだろうか。確かにマネジメントとは管理であるが、ここにも誤解が含まれているように思う。

「管理する仕事」には興味が持てないという人が多いだろう。はっきり言って楽しそうではない。部下の勤怠管理をする、予算管理をする、業績管理をする、などの「管理をする」仕事に対して、多くの人は魅力を感じていない。それならば現在プレイヤーとして担当している仕事を続ける方がよいと考えるのではないか。先に紹介した「労働経済の分析」（厚生労働省）の調査結果でも、「現在の職務内容を続けたい」（57.7％）という理由が上位に来ているのは、管理する仕事が魅力的に感じられないからだろう。

確かに、管理職に昇進するということは、管理される側から管理する側に回るということである。

マネジメントの歴史をさかのぼると、20世紀初頭のフレデリック・テイラーによる科学的管理法に行きつく。彼はミッドベール・スチール社の技師だったが、労働者が自身の判断でその日の仕事量を決めたり、作業の量やスピード・手順を労働者任せにしてしまったりする状況に問題意識を持っていた。職人の親方は、生産した製品の品質と量に応じて給与を受け取るが、その際誰かが突出して高い成果を上げることや、労働者が持っている余力が経営者に露見してしまうことを嫌う傾向があり、同じ賃金をもらえるのであれば、できる限り楽をしたいと考える「組織的怠業」が蔓延していた。

第1章 ● キャリアとしての「管理職（マネジャー）」を考える　19

そこでテイラーは、科学的に経営を行うことで生産性を劇的に向上させることに挑戦した。そこで生まれたのが管理である。まず仕事量（課業）を管理し、1日に行うべき仕事量（ノルマ）を設定して労働者に指示するとともに、達成した時には成功報酬を支払うようにした。そして作業を管理し、効率が良い道具を特定し、仕事の手順を標準化して、その通りに作業するように指示した。そうすることで生産効率を向上させて、使用者と労働者双方の取り分を大きくすることを意図したのである。

　科学的管理法の導入によってアメリカの生産性は50倍になったとの指摘もあり、管理の有効性は疑う余地もない。後に『科学的管理法の原理』として書籍化され、日本でも翻訳書が出版されて多くの企業が導入し、戦後日本企業のものづくり分野での国際競争力向上に貢献している。

　しかしながら、テイラーの手法は必ずしも歓迎されたわけではなかった。特に労働者からは、「面白みのない労働を作業現場にもたらし、モチベーションを低下させる」「ノルマに縛られて人間性を否定されて働くことを強要される」との批判を受けた。テイラーの手法は、無駄をなくして効率よく仕事を仕上げることができる点で、労働者にとっても価値があることなのだが、管理されるということに対する心理的抵抗感は大きかったのだろう。

　現在においても、管理職になってこれまで同僚としてともに仕事をしてきた仲間を管理する側に回るということは、決してワクワクする仕事ではないはずだ。その意味で「管理職＝管理する仕事」と考えるならば、不人気職種になってしまうことはよくわかる。

　しかし同時に、マネジメントは管理する仕事とは言い切れないということも解説しておきたい。

　第一に、テイラーが作り出した科学的管理法は、工場労働者や生産現場などでは極めて有効であるが、知識労働者のマネジメントにもあてはまるかというと一概にそうではない。

　テイラーの方法論は、作業の分割と標準化、作業者の行動のコントロール、および効率の最大化に焦点を当てているため、これらは知識労働者の独創性

や創造性を尊重しなければ成果が上がらない領域では機能しない。現代は、エンジニア、サービスプロフェッショナル、事務系専門職、営業職、クリエイターなどの仕事に就いている人が多く、問題解決やイノベーションに焦点を当てているため、管理の論理ではうまくいかないところがある。ドラッカーは「今日われわれは、テイラーのおかげで肉体労働者の生産性を定義できるようになったものの、（中略）知識労働者の生産性を定義することは、できていない」と語っている 。

　第二に、いわゆる管理ということについては、その後ルールによって制度的に担保されるようになり、専門部署が一括で管理業務を担うことになった。またテクノロジーによって代替されるようになったことで、もはや管理の仕事の多くが管理職の仕事とは言えなくなったという側面がある。

　テイラーの後に、アンリ・ファヨールらが科学的管理の研究を継承し、企業の経営には管理が最も重要であると指摘して、ポイントを14項目の管理原則にまとめ上げた。具体的には、①分業、②権限と責任、③規律、④命令の一元制、⑤指揮の統一、⑥個人的利益の一般的利益への従属、⑦従業員の公正な報酬、⑧集権化、⑨階層、⑩秩序、⑪公平、⑫従業員の安定、⑬創意力、⑭従業員の団結、である。

　ファヨールによる管理原則は現在に継承されている重要なものである。ただし、ファヨール自身も、このような管理の役割は企業の責任者あるいは指揮者の独占的特権でもなければ個人的な責務でもないとしている。これらは企業経営に必要な機能であって、組織全体で担保されればよいと考えていたようだ。

　つまり組織開発やルール・制度などによって担保される部分が多く、今なお管理職が担っている部分はごく一部なのである。たとえば③規律を例に考えると、規律とは勤務態度・精勤などの意味だが、現代では就業規則・服務規程などの公式ルールで決められ、人事などの専門の管理部門が統括し、労働時間などはテクノロジーを使って集計・チェックされ、問題があればアラートされるようになっている。順調に推移している限り、マネジャーの手が煩

わされることはない。

　第三に、多様な人材がともに働き、成果を上げるために重要なことは、管理ではなく、個々に対する支援や配慮だということである。

　これは、ダイバーシティ経営や働き方改革が進む中で起こったマネジメントの転換であり、私はこれを「管理型マネジメントから配慮型マネジメントへの転換」と呼んでいる。

　配慮についてもう少し詳しく説明すると、以下の４つになる。

【関心】
多様なメンバーひとりひとりの個性、強み、志向・価値観、制約要件などに関心を持つ
【補完】
メンバー同士が相互に助け合えるようにする。足りないものはチーム外に資源を求める
【支援】
権限委譲したうえでメンバーの職務遂行を側面支援する。キャリアや日常の悩みの相談を歓迎する
【環境】
メンバーが働きやすい環境を整備する

　これらの行動を管理職がとることで、多様なメンバーが生み出す成果の総量を最大化することができるのである。

IMAGINE

　現在管理職である方は、関心、補完、支援、環境にあたるマネジメント行動をしたことがあるのではないでしょうか？　実際にどのような行動をしたことがあるか、思い出してみてください。

マネジメントという言葉は日本語で管理と訳されたが、マネジメントとは管理をすることだと理解するのは早計である。

マネジメントの語源は、イタリア語の"maneggiare"であるとされている。この言葉は「馬をならす」「手綱をさばく」という意味で、困難な状況をなんとかする、というニュアンスのようだ。管理という訳は、かなり意味を狭めてしまって誤解を招いているのかもしれない。

1-4 理由③：ミドル以降のキャリアパスが見えていないから

主任・係長クラスの人でさえ管理職になりたいと思わないのは、キャリアパスの不明瞭さに原因がありそうだ。

日本企業の多くは職能資格制度という人事制度を採用してきた。職務遂行能力によって職級を決めるものだが、一定の職級に達すると課長、部長などの役職に任用される。報酬は職級によって決まるが、実質的に職級と役職が連動しているので、管理職になることが報酬を上げる道になる。実際に平均年収で見ると、非役職者約281万円、係長369万円、課長約486万円、部長約586万円（厚生労働省「賃金構造基本統計調査」2022年）となり、役職が上がるにつれて年収も上がっていく構造がはっきりしている。

職務遂行能力は意図的にあいまいに定義されていて、経験年数（新卒一括採用が主流の日本では経験年数はほぼ年齢と一致する）に左右されるため年功的になりやすい。

職能資格制度以外に、職務等級制度（ジョブ型）[6]や役割等級制度を採用する企業も多くなってきたが、それでも職級が役職と連動しているため、やはり管理職になることは避けて通れない。

---

6 流行語のようにジョブ型という言葉が使われているが、日本企業の多くが採用しているジョブ型は厳密な職務等級型ではなく、職務と役割のハイブリッド型が多い

THINK

　あなたの会社の人事制度は、職能資格制度、職務等級制度、役割等級制度のうちどれですか？　一般社員と管理職では異なる場合もあります。

　会社によっては専門職制度を有しているところもあるだろう。組織長になるコースと専門職になるコースに分かれていて、管理職になれる職級に上がる時にどちらかを選択する。この時にはマネジメントの仕事を避けて専門職の道を選ぶこともできるのだが、注意しておかなければならない点が2つある。ひとつは、同じ職級であっても組織長コースを選び課長などの役職がついた方を上に位置づける会社が多いということだ。もともと1980年代に生まれた専門職制度が、ポスト不足を背景にしたものだったことや、主要な権限を組織長が持つという職務特性によるのだろうが、専門職を格下の位置づけにしてしまうのである。

　もうひとつ、専門職になると次の職級に上がる基準が不明確で昇級スピードが遅くなる（頭打ちになる）ということもある。プロフェッショナルが活躍している会社かどうか、すでに専門職から役員等になっている先人がどれだけいるかなどをしっかり見ておきたい。

　つまり、専門職コースの選択も、必ずしも魅力的な道ではないということである。その分野のプロとして社外でも通用するレベルまで上がらないとキャリアが開けないということを、十分に意識しておく必要がある。

　管理職昇進の流れに乗っている間は、キャリアの展望が明確でなくても、必要になった時に考えてキャリアを選択すればよいが、今後のキャリアを冷静に展望することなしに管理職になることを毛嫌いしてしまうと、キャリアに閉塞感を抱くことになりかねない。そのような実態はあまり説明されることがなく、ミドル以降のキャリアパスが可視化されていないので、「管理職になりたいか否か」という判断になってしまうのである。

:::::::::::
IMAGINE
:::::::::::

　あなたは管理職になる時に、専門職などの別の道を選択することを悩みましたか？　あらためて今、別の道を選択する道もあると思いますか？

1-5 　理由④：管理職になると長時間労働になると思っているから

　管理職になることで仕事・役割が増えて、どうしても長時間労働になるため、管理職になることに抵抗があるという人もいる。特に育児、介護、学業（資格取得や大学通学など）との両立を抱えている場合や、自分自身の体調に懸念がある場合には気になるところだろう。

　現実はどうなのか、統計データで確認してみる。日本労働組合総連合会（連合）の「労働時間に関する調査」（2015 年）によると、1 日の平均的な労働時間は一般社員 8.7 時間、主任クラス 9.1 時間、係長クラス 9.0 時間、課長クラス以上 9.1 時間となっている。これだけ見るとさほど大きな差はないようだ。

　ただし業種による差異が大きく、企業ごとのばらつきも大きいので、管理職が長時間労働している会社もあるだろう。

　年代別に見ると、30 代は一般社員と管理職では管理職の方が労働時間は長く、40 代以降になると大きな差がなくなるという傾向があるので、管理職になると長時間労働になるという印象が強いかもしれない。また、管理職になると裁量労働になるので、長時間労働しても決まった手当しか出ないことから、報われないというイメージがあるかもしれない。

　はっきりと言えることは、管理職昇進以降は、効率よく働けるように仕事のやり方を見直す必要があるということだ。自分自身の労働時間を決めて、その総労働時間をうまく配分して成果を上げるという発想が求められる。管理職になって、仕事の指示を受ける側から、仕事の指示を出す側に回るの

第 1 章 ● キャリアとしての「管理職（マネジャー）」を考える　25

で、働き方は自分で決められるようになる。このような切り替えができていないと労働時間が長くなってしまう可能性がある。逆に工夫はいくらでもできるということである。

上司が長時間労働しているとメンバーも帰りにくく、チームメンバーも長時間労働になりやすい。メンバーのためにも、効率よく仕事を終わらせてさっさと帰る管理職を目指す方がよい。

もうひとつ重要なことは、他者を通じて組織成果を上げる立場になると、労働時間の長さと上げる業績の大きさに因果関係がなくなるということである。たとえば営業社員（プレイヤー）では長時間労働している人ほど業績が高い傾向があるが、営業マネジャーになると、労働時間が長いマネジャーが必ずしも高い業績を上げているわけではないのである。限られた時間を何に使うか、どう使うかによって、組織成果は左右されるのである。

1-6 理由⑤：マネジメントに対して自信がないから

管理職になりたいと思えない理由には、マネジメントをどうやればよいかわからない、もしくは自信がないということもありそうだ。

現役の課長クラスにマネジメントスキルに対する自信の有無をたずねた調査によれば、以下のような結果であった。

Q.あなたはマネジメントスキルに自信がありますか
A.大いに自信がある　2.8%
　ある程度自信がある　22.2%
　多少自信がある　41.3%

---

7 リクルートワークス研究所「働き方改革時代にマネジャーは何をすべきか――働き方改革の中間報告」（Works Report 2019）参照
8 リクルートワークス研究所「マネジメント行動に関する調査」（2019 年）

あまり自信がない 29.7%

全く自信がない 4.0%

「大いに自信がある」と「ある程度自信がある」の2つを足した肯定的回答は25.0％であり、自信がある人は4人に1人でしかない。この調査結果を見た時に、私は大きな衝撃を受けた。このことが、マネジメントスキルのテキストを書こうという動機になったほどである。

先に紹介した「労働経済の分析」（厚生労働省）の調査でも、管理職になりたくない理由として57.7％が「部下を管理・指導できる自信がない」と回答していることとも整合している。

調査の回答者がマネジメントスキルの有無を自問自答した時に思い浮かべたのは、過去の上司のことではないだろうか。企業規模が大きい会社に勤務している人であれば、ジョブ・ローテーションや上司の人事異動によって、これまでに何人もの上司とめぐり合ってきたはずだ。「伸び悩んでいる時にあの上司と出会えて成長することができた」「実力不足の自分にそれでも信頼して仕事を任せてくれた」など、今振り返ってみても良い上司だったと思えるお手本がいれば、自分が受けたマネジメントを再現すればよいのだと思える。しかし、そうでなければどうしてよいかわからないのは当然のことである。

心理学者のバンデューラ[9]は、他者の行動を観察することから得られる情報が学習の大部分を占めるとして、それを「観察学習」または「モデリング（modeling）」と呼んだ。良い上司に恵まれることは、自分自身が良い上司になるための重要な要件になる。4人に1人しかマネジメントスキルに自信がないという状況は、観察学習の連鎖が機能していないということだろう。

---

9 A. バンデューラ（1925-2021）はカナダの心理学者。自己効力感や社会的学習理論で大きな業績を残した

IMAGINE

あなたのこれまでの上司の中に、良い上司だったと思える人はいますか？
その人はどのようなマネジメントをする人でしたか？

これから管理職昇進を迎えるはずの係長・主任クラスの61.1％が管理職になりたくないと思うのは、彼ら・彼女らの歴代の上司の仕事ぶりを見て、これは自分の将来のロールモデルではないと思ってしまったからだろう。

そして現在マネジメントを担当している人でも、好きな仕事と認識しているのは半分弱で、誰かがやらなければいけない仕事で避けては通れないため、自信はないが仕方なくやっているというのが実態なのかもしれない。

1-7 管理職になるというキャリアをあらためて考える

管理職のイメージは20年以上前と現在とでは様変わりしたように思う。一昔前の管理職には2つのイメージがあった。

ひとつは日本の経済・社会を実質的に動かしている人、というイメージである。課長クラスの現場のリーダーが、経営陣の信頼を得て前例のない仕事に挑戦しているという姿で、たとえばNHKの「プロジェクトX ～挑戦者たち～」に登場するような無名のヒーローがそれにあたる。私が当時経済企画庁長官だった堺屋太一氏にインタビューした時、彼は「日本は偉くない人が言い出した大きな事業が実現できる国」だと言い、[10]新幹線、大阪万博（1970年）、八郎潟干拓などを例に挙げていた。

一橋大学名誉教授の野中郁次郎氏は「ミドル・アップ・ダウン・マネジメント」という言葉で、トップの指示を解釈し、部下の意見を吸い上げて、新

---

10 リクルートワークス研究所「特集　日本的雇用システムの未来デザイン」（「Works」33号、1999年）

しい価値を創り出していく中間管理職の行動を表現した。組織を動かす実質的なキーパーソンが課長層の管理職だったのである。

これらからはかっこいいマネジャーの姿が浮かんでくる。

もうひとつのイメージは、何もしない楽な人というイメージである。汗をかいて仕事をするのはもっぱら部下である一般社員で、課長はのんびりと新聞を読み、夕方になると接待に出かけていく。部下は、残業をしながらうらめしく課長を見送るという姿である。現実には課長には課長の苦労があるが、部下にはそのような部分は見えないものだ。もちろん本当に仕事をしない管理職も相当数存在していて、部長クラスになると担がれた神輿に乗っているだけという会社もあった。

これら2つのイメージは両極端で矛盾するものだが、どちらも真実だったように思う。そして良くも悪くも、若手に「自分も早く管理職になりたい」と思わせるに十分だったのである。

しかし、状況は一変した。

執行役員制度の導入がきっかけとなって役職階層が増え、課長のデフレが進んだ。旧課長の権限は新部長の権限となり、新部長の給与は旧課長の給与水準になった。さらにコンプライアンス推進やメンタルヘルスケアなど新たな課題・ルールが生まれたことで、管理職は、組織成果には直接関係ない（と思われる）周辺業務が大幅に増えて多忙になった。

さらに、バブル崩壊後には、いい大学に入って大企業に就職し、同期よりも早く出世するというシンプルな成功モデルが崩れた。企業の寿命は短くなり、倒産やM&Aなどによって、入社した会社が定年まで存在する方がまれになってきた。

それでも管理職になるというキャリアパスが有力な選択肢であることには変わりない。社会を動かす大きな仕事を担うのは課長というより部長や執行役員になったが、課長を経ずしてその先にたどり着くことはできない。

既出の「労働経済の分析」の調査結果を再度見てみると、「管理職以上に昇進したい」という人も38.9％いる。管理職昇進を希望する理由は以下の

第1章 ● キャリアとしての「管理職（マネジャー）」を考える　29

通りであった（複数回答）。

賃金が上がる　87.2%
やりがいのある仕事ができる　73.6%
仕事の裁量度が高まる　68.0%
部下を管理・指導する能力を向上させたい　59.4%

　いずれも管理職になるというキャリアパスをよく理解した回答である。
　仕事の裁量度が高まるということは、管理職になることで何を行うか、誰に行わせるか、どのようなスケジュールで行うか、どこにどのような予算をかけるか、どこを取引先にするか、などの裁量権を（一定範囲ではあるが）与えられるということである。自分の担当する仕事に対しての思いや明確な価値観があるならば、裁量権を持つことにより実現しやすくなる。一般社員で管理職から指示を受ける立場では、どうしても限界がある。
　部下を管理・指導する能力を向上させたいということも大変重要な理由である。係長として、あるいはプロジェクト・マネジメントを担当して、他者を通じて業績を上げることの一端を経験し、面白さを感じた人は、もっとマネジメントがうまくなりたいと思うだろう。それならば課長として権限を持って、部下の育成や評価にも責任を持つ立場で真剣にマネジメントと向き合ってみたいと考えることは、自然なことだと言える。

　マネジメントを担当する管理職が不人気職種になってしまっている理由をいくつか取り上げて説明してきたが、管理職になることが誰にとっても有力なキャリアパスのひとつであることは間違いない。マネジメントがうまくできさえすれば、自分の力だけではできない仕事を成し遂げられるようになるので、仕事はより楽しくなる。労働時間の問題もマネジメントスキルが向上すればコントロールできるようになり、30代の時は管理職とそうでない人では管理職の方が労働時間は長いが、それも40代になるとほぼ差がなくなることがわかっている。報酬は明確に上がる。

そして管理職になることで、その先のキャリアの選択肢も広がるのである。部長から役員へと昇進する道もひとつ。管理職になって部下育成の経験を積むと、専門職となって特定分野のプロフェッショナルとなっても後進の育成はしなければならないので役に立つし、仮に転職することになってもマネジメントの実務経験は確実にプラスに評価される。

マネジメントスキルが向上し、マネジメントの楽しさを実感するようになり、それを自らの強みとして、「マネジメントのプロ」として生きていくという道も選択肢になる。他者を通じて業績を上げる究極のプロになるというキャリアである。それぞれの分野でトッププロとして活躍する人々（こだわりもプライドも強い癖もある人々）や経営トップ、社会のリーダー層の人々をつなぎ、自らの信念を実現して大きな事業を成し遂げていく人という姿である。このようなキャリアのあり方は、従来のジェネラリストを変革した新しいキャリアゴールであり、「統合型プロデューサー」と呼ばれる[11]。

マネジメントスキルさえあれば、管理職昇進は悪くない。マネジメントスキルはその立場になってはじめて求められるスキルなので、はじめからできる人はいない。だから必要になった時に学んで身につければよいのである。

---

11 伊藤邦雄「人的資本経営のパラダイム転換」（一橋ビジネスレビュー 2023 年夏号）

1分間で読める！　第1章サマリー

□マネジメントの仕事を好きだと思う人は少ない

　→不人気職種である

□人気がない5つの理由

　①プレイヤーの視点で業績を考えているから（→本当は他者を通じて業績を上げる仕事）

　②マネジメントを管理する仕事だと思っているから（→管理ではなく配慮）

　③ミドル以降のキャリアパスが見えていないから

　④管理職になると長時間労働になると思っているから

　⑤マネジメントに対して自信がないから

□現実には管理職になることは誰にとっても有力なキャリアパス

　→賃金が上がる、やりがいのある仕事ができる、仕事の裁量度が高まる

□スキルさえ身につければマネジメントは楽しい

　→他者を通じて業績を上げる「マネジメントのプロ」への道

第2章

マネジメントには黄金法則がある
―― ジョブ・アサインメント32の行動

2-1 目的と手段を取り違えないこと

いきなりだが、次の仮想ケースに目を通してほしい。

昨年マネジャーに昇進した私は、日々時間に追われていた。入社 15 年目、長く営業部に勤務してきて、営業成績は常にトップクラスを争ってきた。その実績を認められて営業一課のマネジャーに任命されたのである。中核となるクライアントを引き続き担当しながら 7 人の部下を抱えて彼らのマネジメントもしなければならない。

やりがいのある仕事だが、これまでの営業としての仕事に上乗せされてマネジメントの仕事もあるため、帰宅時間が平均して 2 時間ほど遅くなった。子どももまだ小さくかわいい盛りだし、早く帰って子どもの顔を見たいところだが、夕食を一緒にとることもままならない。家事分担もこなせず、妻に負担をかけることになっている。

予想していたことだが、部下 7 人の面倒を見ることは簡単ではない。成績が上がらない入社 2 年目の部下がいて、年齢が近い他の部下から厳しいことを言われて元気がない。ベテラン営業職の A さんは一番大きな取引先が経営不振で発注がゼロになり、他ではどうしてもカバーできない状況で、表情が暗く、あきらめモードになっている。これでは課の業績目標達成が見通せず、どうしたものかと頭を抱えてしまった。

こんな時だからこそコミュニケーションを良くしなければと思って、決起集会と懇親会を開催し、よく話も聞いてみようと 1on1 ミーティングを月2 回開催することにした。情報共有会を新たにはじめて、営業の見通しや市場動向などを共有するようにもした。しかし、やればやるほど自分自身の営業時間が圧迫されて、クライアントへの新しい企画提案も遅れがちになって

1　1on1 ミーティングは、米インテル社がはじめたもので、Google、Adobe などのシリコンバレー
　企業に広がっていった。日本ではヤフーが先行して導入した

しまった。

そんな中、事務スタッフのBさんが病気でしばらく休むことになり、その穴も一部私自身で埋めなければならない状況になってしまった。疲れが取れずに最近は寝付けない夜が多くなったような気がする。

THINK

事例を読んで考えてみてください。

あなたなら主人公のマネジャーに対して、どのようなアドバイスをしますか？

どこにでもありそうなケースである。あなたはどのようなアドバイスを思い浮かべただろうか。

ひとつの正解があるわけではないが、私ならばこのようにアドバイスするということを以下に記したい。

まずは、マネジメントの仕事は「他者を通じて業績を上げる」ことだということを思い出してもらいたい。主人公の「私」は、優秀な営業職であり、課の中核となるクライアントを現在も抱えている。しかし、自分自身の売り上げで課の売り上げ目標をなんとかしようというのではプレイヤー時代となんら変わりがない。それではプレイング「マネジャー」ではなく、単なるプレイヤーになってしまう。

課の業績目標達成のために何ができるのかを第一に考えれば、メインクライアントを失って手が空いている（あきらめモードになっている）Aさんに自らのクライアントを担当してもらい、自らはフォローアップに回ってみる方法を検討したい。Aさんはベテランでしっかりと営業ができるという前提ならば、主担当をAさんにして自らはサポートに回れば、Aさんの意欲も取り戻せるし、自分自身の時間も作れるし、提案の遅れを解消して業績を上げることができる。

そしてもうひとつやるべき大事なことは、上席である営業部長と現在起

第2章 ● マネジメントには黄金法則がある──ジョブ・アサインメント32の行動　35

こっている状況を共有することだろう。Aさんのメインクライアントが経営不振で課の売り上げ達成が危ういことや、Bさんの病欠によって人員が不足していることを共有するのである。部長に報告することは、できていない自分の無能さをさらすようで格好悪いと思うかもしれないが、そうではない。部長は部の業績に責任を負っている。営業一課の業績見通しについて正確な情報を欲しているだろう。起こっている問題について部長が持つ決裁権限を使って解決することもできる。たとえば、他課にさらなる売り上げを期待することや、Bさんの病欠による戦力不足に他課のヘルプや派遣社員の活用などで対処することである。他者を通じて業績を上げる「他者」には上司が含まれることを忘れないでほしい。

　さらには、マネジャーの問題解決行動についても指摘しなければならない事項がある。それは「コミュニケーションを良くしなければ」とか「情報共有会を新たにはじめて」というところである。チームに問題が起こった時、コミュニケーションや情報共有で問題解決を図ろうとする人がいる。マネジメント研修でケーススタディをしても、必ず出てくるのが「コミュニケーションを図る」などの当然のようでいて意味がない言葉である。これは要注意ワードだ。

　マネジメントにおける適切な解決技術を持っていない人は、なんでもコミュニケーションや情報共有に解決策を頼る傾向がある。しかしこれらは、目的と手段を取り違えている可能性があり、とても危険なことだ。マネジメントの目的は（他者を通じて）業績を上げることであり、コミュニケーションや情報共有はそのための手段のひとつに過ぎない。目的に向かって適切に設計されたコミュニケーションや情報共有でなければ、時間の無駄になってしまう。

　同じことは1on1ミーティングにも言える。流行のように実施されている1on1だが、ただ部下と1対1の時間を作っても、目的を持って行わなければ、「今日は何の話をしようか」ではじまるような無駄な時間になってしまうのである。

現在営業一課が抱えている状況や起こっている問題に対して適切に対処するためのコミュニケーションや情報共有、1on1になっているか、その点を再検証するように促したい。業績を上げるために対処したことが原因となって、企画提案が遅れて業績を下げてしまうのでは本末転倒だ。

　労働時間が長いとか、マネジメントに時間がかかると悩んでいる人は、目的と手段を取り違えていないかを確認してみてほしい。マネジメント行動は、基本的に効率よく目標となる業績を上げるためにある。そうなっていないとしたら、どこかに間違いがあるのである。

　それでも、マネジャーには多くの職務があり、それらを着実に実行しようとすると、膨大な時間がかかることは確かである。中間管理職である課長は、組織の基本単位である「課」のあらゆる仕事を担わなければならないし、10年から20年くらい前には存在しなかった仕事も降りかかってきている。たとえば、メンタルヘルスケアやコンプライアンスに関するもので、主に法令や本社スタッフが作り出した仕事である。

　少々古いデータで恐縮だが、2007年に企業に対してミドルマネジャーの職務の変化についてたずねた調査がある[2]。ミドルマネジャーへの質問で「上の世代がミドルマネジャーだった頃には要望されておらず、あなたの世代になって要望されはじめたもの」についてたずねたところ、上位に次の3つが挙がった（複数回答）。

> 部下のメンタルヘルスに気を配り、速やかに対応する　37.6%
> プレイヤーとして貢献する　31.2%
> 自分の組織に関する法令(個人情報保護等)を遵守し対応する　30.6%

　そして、上の世代と比べて自分たちに多くの職務が降ってきていることに

2　リクルートワークス研究所「人材マネジメント調査」(2007年)、および大久保幸夫「ミドルマネジャー育成の課題と展望」(財務省財務総合政策研究所「フィナンシャル・レビュー」2008年第5号)

第2章 ● マネジメントには黄金法則がある──ジョブ・アサインメント32の行動　37

対しては、41.3％のマネジャーが不満だと回答している。同調査では人事部門にも質問をしていて、「ミドルマネジャーの仕事上のストレスが増えた」という回答が91.6％に及んでいるが、現在に至るまで同じ状況は続いているものと考えられる。

その後、2012年に日本経済団体連合会（経団連）がミドルマネジャーの職務についてまとめているので確認しておこう。図2-1は、経団連が作成した「ミドルマネジャーに期待される基本的役割[3]」である。

情報関係、業務遂行関係、対人関係、コンプライアンス関係と整理されており、項目がずらりと並んでいる。

IMAGINE

図2-1の項目をひと通り読んでみてください。

それらの仕事をすべてこなす姿をイメージしてみてください。

図2-1 ミドルマネジャーに期待される基本的役割（経団連）

---

(1) 情報関係

- 社内外の情報収集および周辺状況の分析
- 必要な情報の経営トップへの伝達
- 経営トップのメッセージを咀嚼し現場に浸透
- 自らのチームが目指すべき方向性の明示
- 海外も含めたグループ企業や関係部署との折衝および情報共有
- 社内外（他部署や取引先、顧客など）からの要請や問い合わせへの対応

---

3 経団連「ミドルマネジャーをめぐる現状課題と求められる対応」（2012年）

(2) 業務遂行関係

- 日常業務の処理や課題解決
  - ⇨課題解決に向けた PDCA を回す
  - ⇨自らもプレイヤーとなり仕事の成果を上げる
- 新規事業やプロジェクトの推進、イノベーションの創出
  - ⇨経営環境の変化を的確にとらえた状況判断
  - ⇨新しいビジネスモデルや商品・サービスの企画立案
- 経営のグローバル化への対応
  - ⇨海外におけるマーケティング、現地の消費者にとって魅力のある
    商品・サービスの提供、海外のパートナー企業との綿密な連携等

(3) 対人関係

- 部下一人ひとりの性格や長所・短所を踏まえた指導・育成
- 仕事に対する動機づけ
- 部下が協働し合うような職場づくり
- 人間関係上のトラブルの早期発見と早期解決
- 社外の関係者との連携強化や人脈づくり

(4) コンプライアンス関係

- 個人情報の適切な管理
- 内部統制や機密情報の漏えい対策
- 適切な労働時間の管理
- 労働関連法規の遵守
- 業務に関わる法律や実務上の留意点の理解促進および法制度改正な
  どを見据えた事前準備

　読んでみてどう感じただろうか。これらの項目をひとつずつ積み上げてい
く感覚を持つと、気が遠くなるのではないだろうか。しかし、現実の場面で
は、もっと日常のマネジメント行動の中に溶け込んでいるので、そこまで負

担感は感じないだけなのである。

2-2 ジョブ・アサインメントという基本技術

「日常のマネジメント行動に溶け込んでいる」と書いたところで、日常の
マネジメント行動とは何か、ということに触れておかなければならない。実
は、マネジメント行動には起承転結のような一連のパターンがある。これを
「ジョブ・アサインメント（job assignment：JA）」という。

ジョブ・アサインメントとは、狭義には「一人ひとりのメンバーに対する
仕事の割り振り」ということになるが、ここでは広義に「組織目標を決めて、
各メンバーに仕事を割り振り、進捗状況を確認しつつ、必要であれば達成の
ための支援を行い、完了後に評価するまでの一連のマネジメント行動」と定
義しておく。このように広義に定義すると、時間サイクルが登場する。これ
は組織によって異なるが、長ければ1年、短ければ3カ月単位というとこ
ろもあるだろう。個人目標をどの期間で設定して評価するかという目標管理
の単位が、ジョブ・アサインメントの時間サイクルになる。

IMAGINE

あなたの組織ではどのような期間で目標を設定していますか？　その時、
マネジャーであるあなたはどのような一連のマネジメント行動をとっていま
すか？

さまざまなマネジメントの基本的役割をひとつずつマスターして積み上げ
ていくことは容易ではないが、日常のマネジメント行動であるジョブ・アサ
インメントの技術をしっかりと身につければ、結果としてマネジメントがで
きるようになるのである。マネジメント学習の手順としては、ジョブ・アサ
インメントを学ぶことが最善ということになる。

では、ジョブ・アサインメントの全体像を詳しく見ていくことにしよう。広い意味でのジョブ・アサインメントのモデルを紹介したい。

　これは私自身も関与していたリクルートワークス研究所の研究プロジェクトで原案を作り、その後に私が研修や調査を重ねて修正を加え、練り上げていったものである。[4]

　モデルは4つの時系列からなる。

(1)**目標開発**
　　→組織としてやるべきことや目標を決める
(2)**職務分担**
　　→チームメンバーに役割を分担する
(3)**達成支援**
　　→期待成果を達成できるように支援する
(4)**評価検証**
　　→成果を振り返り適切に評価する

　図2-2にあるように、それぞれの段階を8つのマネジメント行動に細分化した。

　4×8＝32のマネジメント行動のポイントは、項目によって差はあるものの、いずれも一定程度の割合のマネジャーが実践しているということである。ジョブ・アサインメントという言葉は知らなくても、自然に、もしくは過去の上司の行動を再現して、あるいはマネジメントに関する研修や参考書などの学びを経て、実践しているのだ。

　読者によっては、すでに行っていることがほとんどで新鮮味がないと感じ

---

4 リクルートワークス研究所「マネジャーによるジョブ・アサインメント」(Works Report 2019)、同「マネジメント行動に関する調査」(2017年、2019年)、津田郁「管理職によるジョブ・アサインメントと業績の関係性」(Works Review 2018) などを参照。いずれもリクルートワークス研究所サイトより閲覧可能　https://www.works-i.com/

第2章 ● マネジメントには黄金法則がある——ジョブ・アサインメント 32 の行動　41

図2-2　ジョブ・アサインメントの全体像

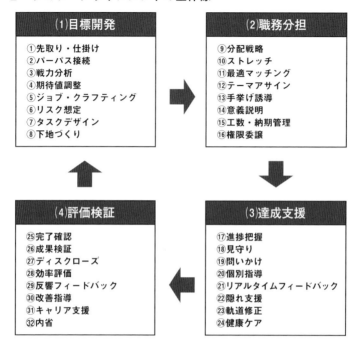

るかもしれないが、それならばとても素晴らしいことで、マネジメントの基本技術をすでに身につけているということである。

　もうひとつのポイントは、32項目のすべてが業績向上と正の相関関係にあるということである。先述のジョブ・アサインメントの研究プロジェクト[5]では、ジョブ・アサインメントの実施状況とチーム成果との関係を分析したが、チーム成果指標の上位群は下位群と比べてジョブ・アサインメントの各項目を実施しているということがわかっている。ジョブ・アサインメントを適切に行うことで業績は上がると考えてよい。

5　リクルートワークス研究所「マネジメント行動に関する調査」(2019年)

2-3 ジョブ・アサインメントに溶け込むもの

　ジョブ・アサインメントの中には多くの副産物が溶け込んでいる。

　たとえば、マネジャーに期待されることの大きなひとつである人材育成がある。調査結果から確認しておこう。マネジャーに対して期待していることを人事担当者に聞くと「メンバーの育成」（48.7％）がトップに上がってくる。マネジャー自身も同様で、重要だと考えている役割のトップに「メンバーの育成」（52.0％）がある。ところが、マネジメント業務で難しいと感じているのも「メンバーの育成・能力開発をすること」（56.0％）なのである。重要であることは明白だが、難しい。それが人材育成ということだ。

IMAGINE

　あなたは業績目標の達成と人材育成を両立することが難しいと感じることはありますか？

　目標を追いかけるのに精一杯で人材育成まで手が回らない——という悩みは、マネジャー層からよく聞かれる言葉だ。しかし人材育成は別物ではなく、あくまでも日常のマネジメント行動の中に溶け込ませて行うものなのである。

　図2-3は内閣人事局が作成した、国家公務員に求められるマネジメント行動を示したものである。[7]

---

6 リクルートマネジメントソリューションズ「マネジメントに対する人事担当者と管理職層の意識調査」（2023年）
7 内閣官房内閣人事局「管理職に求められるマネジメント行動のポイント」（2017年）

図2-3 国家公務員に求められるマネジメント行動

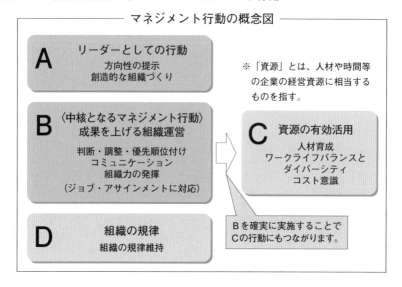

　図2-3では、求められるマネジメント行動をABCDの4つのカテゴリーで示しており、Cの要素のひとつである人材育成は、B（中核となるマネジメント行動）を実施することで結果として得られるものとされている。Bは「ジョブ・アサインメントに対応」とあるので、ジョブ・アサインメントを適切に行うことで人材育成の成果も上がると考えられている。

　これはとても大事なポイントで、求められるマネジメント行動は単純に羅列されているわけではなく、ひとつのマネジメント行動の副産物として生まれるものもあれば、ひとつの行動が複数の結果につながることもあるということである。

　そしてもうひとつ大事なことは、人材育成は業績を上げることとは別に存在しているわけではなく、業績を上げることそのものだということだ。

　P. F. ドラッカーは、マネジャーの役割として「あらゆる決定と行動において、ただちに必要とされるものと遠い将来に必要とされるものを調和させていくこと」を挙げている。つまり短期業績だけを追うのではなく、同時

に中長期業績を上げる準備をする必要があることを示している。今期の業績を上げる中で、同時に、中長期業績に貢献してくれる人材を育てておくことでバランスを取ることが重要だとのメッセージと解釈できる。人材育成は中長期業績のため、業績を上げるためのマネジメント行動なのである。

人材育成以外にもジョブ・アサインメントの効果は多様にある。そしていずれもが、短期業績あるいは中長期業績につながっている。

詳細は第5章で述べていくことにするが、ジョブ・アサインメントを通じてメンバーのモチベーションを高めることもできる。読者も過去に上司のちょっとした発言や行動によって、モチベーションが上がったとか、逆に下がったという経験があるのではないだろうか。

モチベーションの向上が業績向上につながることは明確である。

Performance $= f$ (Ability, Motivation)

業績（performance）は職業能力（ability）と意欲（motivation）によって決まる。業績を上げるためのジョブ・アサインメントにモチベーション向上に関わることが埋め込まれているのは、極めて自然なことである。もうひとつの職業能力の向上については、先に説明した人材育成なので省略する。

ほかには、効率向上もジョブ・アサインメントの効果である。無駄を省き、価値を生む行動に集中することで、業績を高めることができる。

さらにはイノベーション促進もジョブ・アサインメントを通じてできる。イノベーションと言っても、市場を根底から覆すような新技術に基づくものということではなく、プロセスの革新というレベルのものが中心になるが、ジョブ・アサインメントをしっかりとやっている上司のもとでは、革新的な仕事が生まれやすい。

これらを図にすると図2-4になる。

---

8 P. F. ドラッカー著、上田惇生編訳『マネジメント——基本と原則［エッセンシャル版］』（ダイヤモンド社）

図2-4　ジョブ・アサインメントの効果

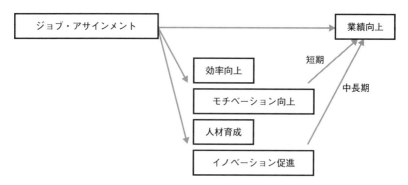

出所：リクルートワークス研究所「マネジメント行動に関する調査」(2017年、2019年)のデータから、3000人以上のマネジャーの行動と組織の業績との関係を分析

　ジョブ・アサインメントは直接的に業績を上げるだけでなく、効率向上やモチベーション向上を通じて短期業績を押し上げ、人材育成やイノベーションを通じて中長期業績を押し上げているのである。
　ここまで、ジョブ・アサインメントが日常のマネジメントの基本であり、さまざまな副産物があるため、ジョブ・アサインメントの技術を身につけることが優先順位の高い学習であることを述べた。
　それでは4つのカテゴリーごとに詳しく見てみよう。
　研修等でジョブ・アサインメントについて取り上げる時には、事前に32項目についてセルフ・チェックをしてもらっている。「⑤常に意識的に行っている」「④だいたい行っている」「③ときどき行っている」「②あまり行っていない」「①ほとんど行っていない」の5段階である。

TRY IT

　これから説明するジョブ・アサインメント32項目について、「あなたはやっていますか？」という質問に5段階で回答しながら読み進めてください。

2-4 目標開発

　はじめは、組織としてやるべきことや目標を決める⑴目標開発である。組織は目標を達成するためにあり、第一段階として「どのような目標を掲げるか」ということが重要であるが、残念ながら多くのマネジャーはこれを軽視しているのではないかと感じている。

　「組織としての目標は上から与えられるもの」という思い込みがあるのかもしれない。本来は上席者と組織の長であるマネジャーが協議して決めるものなので、そのことを念頭に置いて各項目を見てもらいたい。

JA①先取り・仕掛け

　自組織だけでなく、より広く事業全体・会社全体の戦略を踏まえ、今置かれている環境を評価して、次にどのような仕事に着手すべきか、どのような活動が価値を持つのか、半歩先のことを考えておくということ。

　たとえば、今期だけではなく、来期にやるべきことまでを考えて、逆算的に今期やるべきことを考える。それを上司に提案して、問題提起をしておけば、来期の目標設定をあらかじめ想定することができて目標達成がしやすくなり、自分自身の意欲も上がる。近い将来に昇級・昇格をにらむ人にとっては、上司に対してひとつ上の役割を担えるということのアピールにもなるだろう。

　ひとりで考えるのではなく、メンバーとともに考えることで、モチベーション向上や人材育成にまで効果を及ぼすことが可能である。

　また来期に向けた仕掛けをしておくというようなマネジメント習慣が身につけば、短期業績と中長期業績を両輪で追いかけることになり、バランスが良くなる。革新的な仕事をしていると評価される組織のマネジャーは、これを実施している傾向が高い。

第2章 ● マネジメントには黄金法則がある——ジョブ・アサインメント 32 の行動　47

マネジャーの実施率：中[9]

```
┌─────────────────────────────────┐
│      あなたはやっていますか？         │
│      5    4    3    2    1       │
│ ←YES □    □    □    □    □ NO→   │
└─────────────────────────────────┘
```


JA②パーパス接続

　自社の存在意義と社会貢献を明確にする経営理念を掲げる会社において、その内容をよく理解したうえで、自分自身の仕事に対する価値観や実現したい思いを結びつけて、どのような目標を持つべきかを考える。いわゆるパーパス経営[10]というものを実践していない企業でも、経営理念やミッション・ビジョンのようなものはあるだろうし、中期経営計画に掲げる３カ年戦略等もあると思うので、これらと自分および担当組織をつなげるということである。

　上位組織の戦略や方針を踏まえて、担当組織の今期の目標を起案することは、主体的に仕事に取り組むうえで欠かせないことである。

　全社となると、（大企業の場合は）相当に距離感もあるだろう。その場合は自部門と考えてもよい。

　いずれにしても、大きな組織と自らの組織のストーリーをシンクロさせるという感覚の行動となる。

---

9 マネジャーの実施率は、これまでに筆者が研修講師として受講者を対象に行ったアンケートの傾向から、低：中：高の3段階で、実施しているマネジャーの比率を示している

10 2019年にアメリカの経済団体「ビジネス・ラウンドテーブル」が、「企業のパーパスに関する声明」を発表したことにより、欧米を中心にパーパス経営に取り組む企業が増えはじめたといわれている

マネジャーの実施率：中

```
あなたはやっていますか？
      5   4   3   2   1
←YES □   □   □   □   □  NO→
```

JA③ 戦力分析

担当組織の人員・戦略を量的・質的に把握して分析しておくこと。総労働時間には規制があるため、担当組織全体としての総労働時間（工数）にもおのずと限界がある。

各メンバーが抱える事情をあらかじめ情報収集して理解しておくことが不可欠である。たとえば育児や介護等と仕事の両立をしているメンバーもいるだろうし、健康に不安を抱えているメンバーもいる。

また現状抱えている仕事で手一杯になっているメンバーもいれば、余力があるメンバーもいる。それらを把握することで、目標として掲げることの現実味やリスクを考えておく。

どうしても取り組まなければならない目標であれば、戦力分析の結果を上長に説明して、戦力の補強等を交渉するなどの事前調整を行う。

マネジャーの実施率：中

JA④ 期待値調整

担当組織の目標設定や取り組む内容の決定にあたって、上長と必要なすり合わせ、調整、交渉を行うこと。

上司から示された目標を心意気で受けてしまうことは、結果として達成できなかった時には無責任となってしまう。担当組織の戦力分析を踏まえて、実現可能性が低い目標であれば、レベルを下げたり納期を延ばしたりなどの調整・交渉を行う必要がある。

また内容に関するすり合わせをないがしろにすると、仕事を膨らませてメンバーに指示することになりやすく、無駄な仕事を増やし生産性を下げてしまうことになる。納期や優先順位などを可視化しておくことが重要である。

組織風土として上意下達の組織においては、期待値調整が行われていないことが多く、そのツケはメンバーに回ることになる。

マネジャーの実施率：低

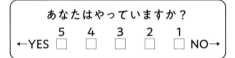

JA⑤ ジョブ・クラフティング

課せられた目標や仕事内容を、自らの言葉で表現し直して「自分ごと化」すること。自分の言葉に言い換えることで、自己決定感を高めるとともに、メンバーに説明する時にメンバーの共感を引き出しやすくすることができる。

言い換える過程で、目標に内在する新しい意味や価値を発見することもできる。

ジョブ・クラフティングという考え方は、2001年にイェール大学のエイミー・レズネスキー准教授とミシガン大学のジェーン・ダットン教授が提唱したもので、自らの職務内容や職務の境界、職務との関わり方を主体的に変えていくことと定義されている。

マネジャーの実施率：中

```
あなたはやっていますか？
        5    4    3    2    1
←YES  □    □    □    □    □  NO→
```

IMAGINE

　ジョブ・クラフティングを行う習慣がある人は、その時のことを思い出してみてください。言い換えることで仕事の意味や価値に変化はありましたか？

JA⑥リスク想定

　目標達成を実現するためには、いくつかの重要な勘所があるものだ。その時に、障害となるものや障害となる人物を想定して、対処方法を練っておくことが必要になる。

　顧客の了解の場合もあれば、社内決裁の場合、特定部署との調整の場合や、予算の場合もあるだろう。そのような障害に対してどのようにアプローチするのか、どのような体制で向き合うのかなど、早い段階で方法を練っておくことが問題解決につながる。

　そのほかに、状況変化によってスケジュールが変わることなども想定されるリスクのひとつであり、その状況になって慌てないように、リスクを踏まえたスケジュール管理などが対策になる。

マネジャーの実施率：高

```
あなたはやっていますか？
        5    4    3    2    1
←YES  □    □    □    □    □  NO→
```

JA⑦タスクデザイン

やるべき仕事をリストアップし、必要であればタスク（職務）に細分化して、戦力に合わせた再編を行うこと。

仕事は常にスクラップ＆ビルドする必要があり、過去から当たり前に継続しているタスクであっても、やらないと決断すべき時がある。

また労働時間に制約があるメンバーに対しては、そうでないメンバーに仕事を割り振るのと違って、一部の仕事を他の人に回したり、一部の仕事を新たな戦力でまかなったり（アウトソーシングや派遣社員の活用など）、もしくはテクノロジーを活用して省力化できるようにするなどの工夫をする。

マネジャーの実施率：低

あなたはやっていますか？
　　　　　　5　　4　　3　　2　　1
←YES　□　　□　　□　　□　　□　NO→

JA⑧下地づくり

仕事が本格的に立ち上がる前に、関連部署に協力を要請しておいたり、上司の支援が必要な時にはあらかじめお願いをしておく。提携先や依頼先などに声をかけて、いつでもスタートが切れるようにしておくこともやっておきたい。できる準備はしておくこと。スタートダッシュを決めて、目標達成を軌道に乗せることが目的となる。

掲げる目標の難度が高い時や重い時には、担当組織の中核メンバーなどに対して、背景や意味などを時間をかけて話しておくことも重要である。

一般に「根回し」と呼ばれる行動である。

マネジャーの実施率：高

```
あなたはやっていますか？
        5    4    3    2    1
←YES  □    □    □    □    □  NO→
```

　以上の8項目が、⑴目標開発における期待されるマネジメント行動になる。読んでおわかりいただけるように、マネジメントスキルとして紹介しているが、繰り返し実践することで習慣化する行動というニュアンスが強い。意識しなくてもできるほどに習慣化していれば、それはもはや能力である。
　それでは、同様に⑵職務分担以降も説明していくことにしよう。

2-5　職務分担

　組織としての目標が決まり、準備が整ったら、いよいよメンバーに仕事の割り振り（アサイン）をする段階になる。詳しく解説していこう。

JA⑨分配戦略

　担当組織の仕事全体をどのような方針で割り振るのがいいかを検討することであり、ジョブ・アサインメントにおける重要な戦略である。
　ひとつの観点は、プレイヤーとしての自分が何を受け持つかということ。プレイングマネジャーであっても、他者を通じて業績を上げることがマネジメントの本質であるので、すべての仕事をメンバーに渡して、自分自身は支援に回るということも選択肢になる。
　もうひとつは、すべての仕事をメンバーにきれいに割り振るのか、それとも一部を重ねて割り振るのか[11]ということ。重ねて割り振るとどちらがやる

11　これらはリレー型とスクラム型と呼び分けられる

第2章 ● マネジメントには黄金法則がある――ジョブ・アサインメント32の行動　53

かが不明瞭になるが、そこで話し合いや競争が生まれて協力関係や価値創造が促される可能性がある。

マネジャーの実施率：中

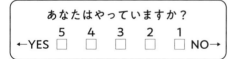

THINK

　あなたはマネジャーとして、自分自身の労働時間のうちどれだけの割合をプレイヤーとしての仕事に回すかを任されています。プレイヤーとしての時間を何割にすることが望ましいと思いますか？

　THINKに掲げたテーマについて、少し解説しておきたい。
　プレイングマネジャーにとって、どこまで自分でやり、どこからメンバーに任せるかというのは難問である。考える参考として、ある分析データを紹介したい。リクルートワークス研究所の研究プロジェクトの分析だが[12]、これによると、プレイング業務の割合が40％以上になるとチーム成果指標の平均値が低くなる傾向が見てとれる。

　マネジャー自身は最も優秀なプレイヤーかもしれないが、プレイング業務のウエイトが高いとマネジメントがおろそかになり、チームの業績は下がるのだ。このデータを見る限り、30％程度までに抑えた方がよいということだろう。
　さらにプレイング業務の内容もチーム業績に関係する。職務経験が浅いメ

12　リクルートワークス研究所「プレイングマネジャーの時代」（Works Report 2020）

図2-5 プレイング業務の割合とチーム成果との関係

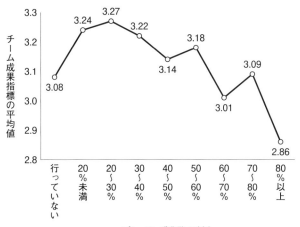

ンバーでも遂行できる業務や自分ひとりで完結するような業務をプレイヤーとしてやってしまうと、チーム業績には負の影響を与える。できれば、「自分（マネジャー自身）にしか遂行できない業務」「やり方や進め方をゼロから考えなければならない業務」「変革レベルの業務で（部長クラスの）上司との協働が必要な業務」を選ぶようにしたい。

JA⑩ストレッチ

　メンバーの力量や成長度合いを見極めて任せる仕事の難度を調整すること。特に成長著しいメンバーに対しては、少し背伸びをしなければできないような仕事を意図的にアサインする。順調に成果を上げて自信を持ちはじめたタイミングで、さらなる成長を促すための方法である。

　ストレッチは、ジャック・ウェルチがGE（ゼネラル・エレクトリック）に導入し、目覚ましい効果を上げたマネジメント手法として知られている。

　個人だけでなく組織に対してもストレッチ目標を設定する場合がある。

マネジャーの実施率：中

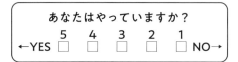

JA⑪最適マッチング

　それぞれのメンバーの強み、弱み、志向・価値観、制約条件などを把握したうえで、最も適した仕事をアサインすること。メンバー全員が強みを活かせるような仕事の割り振りをすることが理想である。
　最適マッチングを実現するためには、あらかじめメンバー一人ひとりのことを理解していることが必要であり、新しいメンバーを迎えたばかりで不十分な場合は1on1ミーティングなどを通じて把握しておく。

マネジャーの実施率：中

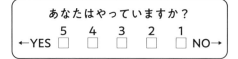

JA⑫テーマアサイン

　ベテランメンバーや専門性が高いメンバーに対して、達成すべき目標とは別に、マネジャーとともに追いかける「テーマ」をアサインすること。テーマは達成するものというよりは継続的に追いかけるものである。期間を通じてはっきりとした前進があればプラス評価する。
　担当組織が抱えている本質的な課題や、中長期の業績を上げるための下地づくりになるようなこと、技術面での進化などがなじみやすい。
　メンバーに指示する時には、「やってみろ」という感覚よりも、「重要かつ

難しい問題解決なので、あなたの経験やスキルを見込んでお願いする。チャレンジしてほしい。もちろんいつでも支援・協力する」というスタンスであった方がよい。

マネジャーの実施率：低

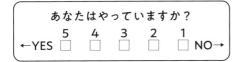

JA⑬ 手挙げ誘導

　担当してもらう仕事を命令的に割り振るのではなく、メンバーの希望に沿って割り当てること。あらかじめ希望を聞いておいて、それを受けてあなたにアサインするのだというコミュニケーションを取る方法や、担当者が決まっていないことを公開して希望者を募るかたちで決める方法などがある。

　本人の希望通りに仕事を割り振るかどうかというよりも、希望に基づいて決めたように「演出」することがポイントだ。[13]

　ベテランマネジャーほど手挙げ誘導を実践している傾向が強い。

マネジャーの実施率：低

```
あなたはやっていますか？
←YES  5 4 3 2 1  NO→
       □ □ □ □ □
```

13　リクルートでは伝統的に「あなたはどうしたいの？」と問うマネジメントを行っている。それに答えさせて、「じゃあ、やってごらん」とすることで自己決定感を演出することができる

JA⑭意義説明

　それぞれのメンバーに割り振った仕事が、担当組織や上位組織において、あるいは市場や社会に対していかに影響を与える重要な仕事であるかを説明すること。1対1で行う方法と、ミーティングで担当組織の全員に対してメッセージを発する方法とがある。

　緊急時や多忙時で意義説明の時間がとれない時は、後に落ち着いたところで説明ができなかったことを詫びつつ伝えても、一定の効果はある。

　意義説明を受けて、メンバーは担当している仕事の価値を理解し、ジョブ・クラフティングして仕事に向かうことができる。

　意義説明を怠って仕事の指示を続けていると、大きな価値があることが自明な仕事であっても、手足として使われているだけという感覚を持ってしまう。

マネジャーの実施率：高

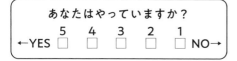

JA⑮工数・納期管理

　仕事を割り振る時に、納期やかけるべき日数などの目安を示すこと。上司とメンバーとの間で仕事のサイズに関する認識の齟齬をなくしておくという意味合いがあり、無駄な仕事をさせないことにつながる。上司からメンバーへの［JA④期待値調整］の意味合いである。

　また、メンバーに対して効率的に仕事を進めてほしいというメッセージにもなる。想定よりも早く仕上がってきた時には「もうできたの？　早かったね！」とほめることで、仕事のスピードに対する意識を醸成することもでき

る。

　設定した工数や納期は、［JA㉘効率評価］と接続したい。

マネジャーの実施率：高

```
あなたはやっていますか？
←YES  5 4 3 2 1  NO→
```

JA⑯権限委譲

　いちいち判断を仰がずに自分の判断で決めて進めていいと伝えることである。本来はマネジャーが決裁権限をもとにして判断すべきことを一任することを意味している。

　他の組織と密接に関係がある仕事や、担当組織の中核業績となる仕事、大きなリスクを伴う仕事などは権限委譲には不向きだが、それ以外の多くの仕事は適切に権限委譲することが望ましい。

　その時に重要なのは、はじめに仕事のゴールをすり合わせておくことと、明確に「あとは自分の判断で進めて構いません」と伝えることである。

マネジャーの実施率：低

```
あなたはやっていますか？
←YES  5 4 3 2 1  NO→
```

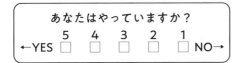
THINK

　権限委譲と似て非なるものがいくつかあります。どんなものが考えられますか？

THINK について解説しておこう。権限委譲はジョブ・アサインメントの中でも特に多くの効果を生み出す重要なマネジメント行動である。

しかし、似て非なるものにしてしまうと逆効果になってしまう。そのひとつは「丸投げ」である。上司から下りてきた案件をほとんど精査することなく、そのままメンバーにアサインして後は任せたというのでは、権限委譲とは言えない。そもそも中間にマネジャーがいることに意味がなく、マイナスでしかない。もうひとつは「責任転嫁」である。特にその仕事について適切に判断する権限やスキルを持っていない人に権限委譲と称して任せることは不適切であり、仕事を振られたメンバーは「責任を押し付けられた」と感じてしまうだろう。

2-6 達成支援

続いて⑶達成支援について解説しよう。これはメンバーに仕事を割り振った後に、期待成果を達成できるよう支援する段階である。

JA⑰進捗把握

適切な方法でメンバーに割り振った仕事の進捗状況を確認すること。モニタリングともいう。

進捗把握は、状況に合わせて多様な方法を使い分けることが重要で、伝統的な「報告・連絡・相談（報連相）」を多用すると、効率や人材育成上マイナスになることがある。使い分けるべき主な進捗把握の方法は以下の通りである。

a．対面で適宜報告を受ける

（いわゆる報連相。上司として安心感がある。権限委譲しにくい案件に適する）

ｂ．情報共有の場の活用

（全員が進捗状況を共有できるが、全員参加の情報共有が本当に必要かは一考を要する）

ｃ．中間面談の活用

（目標管理制度の中間面談の機会に状況を把握する。課題は頻度の低さ）

ｄ．管理数字のチェック

（帳票により KPI 等の管理数字から進捗状況を把握する）

ｅ．歩き回っての観察

（手が空いた時にメンバーのまわりを歩き回ってさりげなく進捗状況を観察し、声がけする。古典的方法だが効果的で効率も良い。ただしテレワークをしている時には使えない）

ｆ．情報交換

（マネジャーからは有益な追加情報を提供し、メンバーからは進捗状況や不安材料を聞く。プライドが高いメンバーには特に有効）

ｇ．非公式リーダーとの会話

（仕事を割り振った本人に聞くのではなく、他者のことをよく見ていてコミュニケーションの核となっているメンバーに様子をたずねる）

IMAGINE

あなたの組織には、コミュニケーションの核となっている非公式リーダーがいますか？

マネジャーの実施率：中

あなたはやっていますか？
←YES　5☐　4☐　3☐　2☐　1☐　NO→

JA⑱見守り

メンバーの仕事を少し離れたところから温かく見守ること。期待して、機会を与えて、見守ることは、他者を通じて業績を上げるためのベースとなる行動である。[14]丸投げにはこの見守りがない。

見ていて多少気になる部分があったとしても、重大な部分でなければできるだけ口を出さない。

簡単なことのようだが、マネジメントのスキルとしては奥深いもので、できていないマネジャーが多い項目である。

マネジャーの実施率：低

```
あなたはやっていますか？
        5    4    3    2    1
←YES  □    □    □    □    □  NO→
```

JA⑲問いかけ

メンバーが考えた企画の説明を受ける際や、意見出しの会議でメンバーが提案をした時に、「なぜそう考えたの？」と問いかけ、返答に耳を傾けること。

問いかけは詰問調にならないことが必要である。そして、たずねた以上は途中でさえぎらずに最後まで聴き切ることが不可欠である。たずねることよりも聴き切ることに本質がある。

最後まで聴くことで、メンバーの論理的思考を促すことになり、承認欲求に応えることにもなる。最後まで聴けば、どこがわかっていないのか、どこで迷っているのかを発見できるという副産物もある。[15]

---

14 山本五十六の名言に「やっている、姿を感謝で見守って、信頼せねば、人は実らず」がある
15 トヨタ自動車には「なぜを5回繰り返す」という推奨行動がある。「なぜ」を繰り返すことで問題解決の方法となるという。詳しくは、大野耐一『トヨタ生産方式——脱規模の経営をめざして』（ダイヤモンド社）参照

マネジャーの実施率：高

```
┌─────────────────────────────────┐
│    あなたはやっていますか？       │
│       5   4   3   2   1           │
│ ←YES □   □   □   □   □ NO→        │
└─────────────────────────────────┘
```

THINK

　あなたは他者の話を聴き切ることは得意ですか？　苦手な人は、どのようなことを意識すればよいと思いますか？

　傾聴にはいくつかの勘所がある。苦手意識がある人は以下のことを試してみてほしい。

□相づちを打ちながら聞く
□柔らかい表情で聞く
□沈黙をおそれない
□姿勢や動作を相手と合わせる（ミラーリングという）
□バック・トラッキング（オウム返し）を使う
□ときどき話をまとめてリピートする
□ YES ／ NO で終わらないオープン型の質問をする

JA⑳個別指導

　マネジャーがこれまでの経験で磨いたプレイヤーとしての技術を、メンバーに対して1対1で伝授すること。プレイヤーとしての実務経験を積んだ領域で管理職になった場合を前提としている。

　上司はメンバーにとってレポート先であり、師弟関係ではない。そのため、「このメンバーに自分の技術を教えたい」「上司から技術を学びたい」という

相互関係が成立してはじめて個別指導がスタートする。

マネジャーの実施率：中

あなたはやっていますか？
←YES 5 □ 4 □ 3 □ 2 □ 1 □ NO→

IMAGINE

あなたはどのようなメンバーに対して、自らが持つ技術を伝授したいという気持ちになりますか？

人材育成は、メンバーの職業能力を向上させることを通じて中長期の業績向上につながるマネジメント行動だが、個別指導については短期業績にも貢献するという分析がある。

ある会社の営業組織において、マネジャーの行動別労働時間シェアを計測し、業績との相関関係を分析したところ、興味深い結果になった。「社外における部下の個別指導」にかける労働時間のシェアと業績との間に唯一正の相関関係が確認されたのである。[16] 幅広く業種・職種を超えて行った研究ではないが、上司が営業同行しつつ移動時間にアドバイスするようなことが、即効的に営業業績の向上につながっている可能性がある。

JA㉑リアルタイムフィードバック

仕事が順調に進んでいることが確認できた時に、ほめる言動をすることで、さらなるスピードアップを促すこと。「順調ですね。この調子で進めてくだ

---

16 坂本貴志「長時間労働の是正と企業業績のゆくえ──マネジャーの役割に着目して」(Works Review 2019)

さい」というような簡単なメッセージでよい。

　ほめる時は、できるだけ人前でほめると効果が上がる。1対1でほめられるよりも人前でほめられた方が誇らしい気持ちは大きくなるため、モチベーションを高めることができる。詳しくは第5章5-2で解説する。

マネジャーの実施率：高

```
┌─────────────────────────────────────┐
│ あなたはやっていますか？              │
│        5    4    3    2    1          │
│ ←YES  □    □    □    □    □  NO→    │
└─────────────────────────────────────┘
```


JA㉒隠れ支援

　(3)達成支援の中核行動は、上司が表立ってメンバーの仕事を手伝うのではなく、あくまでもメンバーに任せている状態を維持しながら、メンバーの見えないところで支援行動をとることである。

　「上司の上司」に根回しをしておくとか、顧客に1本電話を入れておくとか、キーパーソンを紹介するとか、マネジャーが持つ人的ネットワークを活用して支援することがポピュラーな方法である。

　メンバーは上司が隠れて支援してくれたことに気づかないかもしれないが、それでいい。「上司のおかげ」と感謝されるよりも、自分の力で目標を達成したと感じて自信をつけてくれる方が、価値がある。

　特に新人がひとり立ちする過程において、隠れ支援は不可欠である。一人前の仕事を任されてなんとかやり遂げることで、自信を持ち、仕事の楽しさや奥深さを実感することができる。

図2-6　任せて任せず

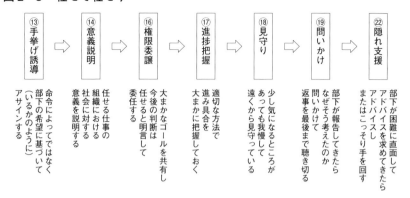

出所：筆者作成

マネジャーの実施率：低

　隠れ支援の解説をしたところで、ジョブ・アサインメントに埋め込まれている人材育成の王道ともいうべきストーリーを紹介しておきたい。それは「任せて任せず[17]」とでもいうべきジョブ・アサインメントのセットである。

　図2-6にあるように、手挙げ誘導からはじまり権限委譲を中核として隠れ支援に至る流れが、メンバーに機会を与えて成長を促すマネジメント行動である。[JA⑯権限委譲]のところで似て非なるものとして説明した「丸投げ」や「責任転嫁」とは一線を画す、理想的な権限委譲のかたちと言えるだろう。

　このようにジョブ・アサインメントの32項目は、一つひとつ独立しているが、さまざまに組み合わされて多様な効果を生み出している。

17　パナソニック創業者・松下幸之助の言葉。仕事は任すが、任せっ放しではなく、適時適切に報告を聞き、必要があれば的確な助言を与えるという流儀

JA㉓軌道修正

　明らかに進むべき方向と異なる進捗になってしまった時に介入して、あるべき方向に戻すこと。見守りが原則なので、少々の試行錯誤や遅れであれば手を出さないことを優先すべきだが、深刻なトラブルが懸念される状況だと判断した時には、マネジャーが関与して修正を加える。

　より大きな危機が迫っている時にはマネジャーが引き取って、自ら対処する必要があるが、引き取りは最後の手段であり、そこに至るまでのジョブ・アサインメントの失敗を反省する材料になる。メンバーに任せた仕事を仕方なく引き取る場合は、メンバーとの話し合いに基づき、メンバーも納得した状態で行うことが重要である。

マネジャーの実施率：高

```
あなたはやっていますか？
        5   4   3   2   1
←YES  □   □   □   □   □  NO→
```

JA㉔健康ケア

　定期的に労働時間・残業時間のチェックをして、過重労働になっていないかどうかを確認したり、声がけをして表情などを観察したりすること。

　懸念がある場合は、大きな問題になる前（たとえば抑うつ状態になる前、過労で倒れる前など）に適切に対処する。

　休養を取らせるために必要な対処を行う。具体的には、体制を組み替える、スケジュールを組み直すなどがある。

第2章 ● マネジメントには黄金法則がある——ジョブ・アサインメント 32 の行動　67

マネジャーの実施率:高

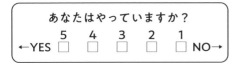

・・・・・・・・・・・・・
IMAGINE
・・・・・・・・・・・・・

　健康ケアの方法はマネジャーの個性が表れるところです。あなたはどのようにして、メンバーの健康状態の注意信号を受け取っていますか?

2-7　評価検証

　続いて(4)評価検証について解説しよう。評価検証は、仕事の成果を振り返り、適切に評価する段階である。

JA㉕完了確認

　割り振った職務が完了したことをメンバーとともに確認すること。完了確認をしないと仕事の終盤で間延びして、効率を落としてしまいがちである。区切りをつけて気持ちを切り替え、次の仕事に向かう力を生み出すことが必要であり、打ち上げなどの慰労とセットで行われることが多い。

　また完了段階で、上司が少しだけ手を入れて質を向上させられるところがあればこれも一考したい。

　完了確認の方法には、代表的な例として以下がある。

a．最終チェック
　（形式的にマネジャーが最後に見てOKを出す）
b．納品の儀式

（関係者がそろっている場で、完成・納品の儀式を行う）

c．打ち上げ

（慰労を兼ねて、飲食を含めた打ち上げの場を持つ）

d．関係者へのお礼

（顧客や取引先などをメンバーとともに訪問し、謝意を伝える）

e．関係部署の長への連絡

（担当者間と上司間でそれぞれ完了を確認し合う）

f．次なる展開

（良い仕事には次の華がある仕事という報酬を与えるべく、検討をはじめる）

マネジャーの実施率：高

```
あなたはやっていますか？
        5    4    3    2    1
←YES  □    □    □    □    □  NO→
```

JA㉖成果検証

　良い成果を上げた仕事について、なぜうまくいったのかをメンバーとともに検証すること。

　その時間を持つこと自体が高い評価の表現となるため、あえて別の時間を設けて、メンバー自身が振り返る成功のポイントを傾聴するとよいだろう。

　成功の理由を考えることは、次の仕事へのヒントとなり、良い仕事を再現可能にするための一歩となる。

マネジャーの実施率：低

JA㉗ディスクローズ

　素晴らしい成果が上がった仕事を、担当している組織の枠を超えて紹介したり、たたえたりすること。

　評価のフィードバックとしての意味合いのほかに、優れたノウハウを共有して残すというナレッジ・マネジメントの効果や、仕事の成果を二次利用してもらうことを促すといった実務上の効果もある。

マネジャーの実施率：高

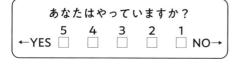

IMAGINE

　あなたはこれまでに、メンバーが素晴らしい仕事をしてくれた時に、どのようなディスクローズを仕掛けたことがありますか？
　（→第5章5-2に例があります）

JA㉘効率評価

　完了した仕事について、評価制度に基づき正当に評価する。その際、成果の大きさだけでなく、どれほどの時間や予算を使って成し遂げた成果なのか

もあわせて評価する。

　同じ成果を上げたならば、より短い時間で仕上げた方を高く評価しなければ、仕事の生産性は向上せず、頑張った人が報われない。長時間かけて仕上げた人はすでに残業手当で多くの報酬を得ていると考えることもできるため、最終評価でバランスを取るという意味合いもある。

マネジャーの実施率：低

```
あなたはやっていますか？
       5    4    3    2    1
←YES  □    □    □    □    □  NO→
```

JA㉙反響フィードバック

　完了してメンバーの手を離れた仕事がその後どのように活かされたのか、どのような評価や感謝の声につながったのか、本人に知らせること。

　マネジャーという上席だからこそ収集できる情報を使って、成果の評価を定性的に知らせてあげることで、自らの仕事が事業全体や社会にどのようにつながっているのかを実感してもらう。

　具体的には次のような材料が考えられる。

□マーケットや顧客の反応

□後工程の部署からの評価

□部長が○○とほめていたよ、などの「上司の上司」の評価

□刺激を受けた他部署の声

□マネジャー自身の助かった、役立った、勉強になったなどの感想

マネジャーの実施率：中

IMAGINE

あなたがこれまでに成果を上げた仕事で、上司から聞かされた反響の話がうれしかったという経験がありますか？　あるならばどのような内容でしたか？

JA㉚改善指導

　成果が不十分な仕事について、メンバーとともにその原因を分析して次の仕事に活かすこと。メンバーの行動に原因があれば反省して見直すように促す必要があるが、叱責するというニュアンスではなく、あくまでも次に成果を上げるために一緒に考えるという姿勢が大事になる。[JA㉖成果検証] とセットで行う。
　失敗経験は最高の学習材料であるとの共通認識をつくり、災い転じて福となす明るさをもって行うこと。

マネジャーの実施率：低

　改善指導の実施率が低いのは、ネガティブな話をメンバーにすることが嫌だからではないかと考える。しかしマネジメントにおいては、叱るべき時に

は叱ることも欠かせない仕事である。

　問題は叱り方で、叱られた方も前向きに受け止められる方法を身につけておきたい。正しい叱り方については、第10章10-5で詳しく解説する。

JA㉛ キャリア支援

　期の区切りや人事評価のフィードバックを行うタイミングで、メンバーとのキャリア面談をセットする。優れている点や課題となる点を話し合うとともに、今後のキャリア展望についてたずねておき、人事異動や次のジョブ・アサインメントにつなげる。

マネジャーの実施率：低

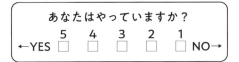

　キャリア支援の具体的方法については、第4章で取り上げる。

JA㉜ 内省

　ここまで自らが行ってきたマネジメント行動（ジョブ・アサインメント）について振り返り、反省すべきところは反省すること。部長ら上席との対話が反省機会になる時もあり、また多面観察評価がその機会になることもある。

　ジョブ・アサインメントの過程で起こった引き取りやメンバーのメンタル疾患の発症、離職などは、重要な振り返りのポイントとなる（多面観察評価の受け止め方については、第10章10-3を参照）。

マネジャーの実施率：低

```
あなたはやっていますか？
        5    4    3    2    1
←YES  □    □    □    □    □  NO→
```

　以上 32 項目について解説し、読者にはセルフ・チェックをお願いしたが、どうだっただろうか。マネジメントを実際に担当している人であれば、ある程度の項目には 4 や 5 がついたのではないだろうか。一方で、これはできていないなというものや、気づいていなかった新鮮な項目もあったかもしれない。

　ジョブ・アサインメント 32 項目について、解説したような意味やねらうべき効果を理解したうえで、無意識のうちに取り組めるようなマネジメント行動習慣が身につけば、素晴らしいマネジメントスキルを持ったマネジャーになれるはずである。

　第 3 章以降では、ジョブ・アサインメント行動にひも付けしつつ、いくつかの重要なマネジメントテーマについて思考を深めていくことにしたい。

1分間で読める！　第②章サマリー

- □ マネジャーには一見多くの役割があるが、「他者を通じて業績を上げる」ことが目的であり、目的と手段を取り違えてはならない
- □ 日常のマネジメント行動は「ジョブ・アサインメント（JA）」に集約される
- □ JA はすべて業績向上に向かっており、効率向上やモチベーション向上を通じて短期的に業績を上げることや、人材育成やイノベーション促進を通じて中長期的に業績を上げる方法が溶け込んでいる
- □ JA は4つのプロセスと各8つの行動＝32 の行動で構成される
- □ 目標開発
  ①先取り・仕掛け　②パーパス接続　③戦力分析　④期待値調整　⑤ジョブ・クラフティング　⑥リスク想定　⑦タスクデザイン　⑧下地づくり
- □ 職務分担
  ⑨分配戦略　⑩ストレッチ　⑪最適マッチング　⑫テーマアサイン　⑬手挙げ誘導　⑭意義説明　⑮工数・納期管理　⑯権限委譲
- □ 達成支援
  ⑰進捗把握　⑱見守り　⑲問いかけ　⑳個別指導　㉑リアルタイムフィードバック　㉒隠れ支援　㉓軌道修正　㉔健康ケア
- □ 評価検証
  ㉕完了確認　㉖成果検証　㉗ディスクローズ　㉘効率評価　㉙反響フィードバック　㉚改善指導　㉛キャリア支援　㉜内省
- □ JA を習慣化することでマネジメントの品質は劇的に向上する

第3章

業績を高める
──目標達成支援のマネジメント

3-1 目標の重要性

　他者を通じて業績を上げるために、目標は極めて重要であり、かつ欠かせないものである。目標がなければ組織は混乱する。

　P. F. ドラッカーは 1954 年に『現代の経営』で目標管理を提唱し、1973年の『マネジメント』ではそれをブラッシュアップした。その中で、組織には人を間違った方向へ持っていく 4 つの阻害要因があると書いている。それを防ぐには、共通の目標を持つことが有効だと言うのである[1]。

　1 つ目は「技能の分化」である。これについては、3 人の石切り工の話が紹介されている。

> 何をしているのかを聞かれて、それぞれが「暮らしを立てている」「最高の石切りの仕事をしている」「教会を建てている」と答えた。

　ドラッカーが問題にしているのは 2 番目の石切り工である。最高の石切りの仕事をしようとしているのは悪いことではないとも思うが、これが技能の分化ということで、技能自体が目的になってしまうと、全体のニーズと分離してしまい、危険な状態に陥ると指摘している。

　ちなみに、3 番目の石切り工こそマネジャーであるとも指摘している。仕事を俯瞰的に見て、組織として掲げる目的を自分の言葉で表現しているからだろう。これは［JA ⑤ ジョブ・クラフティング］そのものである。

TRY IT

　3 人の石切り工の話にならって、あなたも別の仕事を題材にして「3 人の○○の話」を作ってみてください。その時 2 人目は技能の分化の例、3 人目はジョブ・クラフティングした例になるようにしてください。

1　P. F. ドラッカー著、上田惇生編訳『マネジメント——基本と原則［エッセンシャル版］』（ダイヤモンド社）

2つ目は「組織の階級化」である。目標が明確でないと、上司（権力者）の顔色をうかがいながら仕事をするようになり、余計な忖度をして仕事の判断をゆがめることになってしまう。思い込みや誤解によって、仕事に向き合うスタンスを間違える人も出てきてしまう。

3つ目は「階層の分離」である。階層によって仕事に対する見方や関心に違いがあるため、立場が違えば、視点も異なり、コミュニケーションだけで解決するのは難しい。管理職が考えることと、現場の従業員が考えることには、ギャップがある方がむしろ自然とも言える。それは何を大事にしているか、誰と接しているかなどによるものが大きい。

IMAGINE

あなたの会社で管理職層と現場の従業員との間でよく起こるギャップにはどのようなものがありますか？

4つ目は「報酬の意味付け」である。報酬システムに完璧なものはなく、報酬は組織を強化する側面と弱体化させる側面をあわせ持っている。組織において評価されて報酬につながる仕事が価値ある仕事だと考えられることになるため、時にはミスリードしてしまう。

これらの阻害要因による混乱を防ぐ最良の方法は、組織も個人も明確な目標を持つことである。

3-2 目標管理の本質は自己管理

ドラッカーにより提唱された目標管理（目標と自己統制による経営）というアイデアは、1960 年代になると G. S. オディオーンらによって目標管理制度（Management by Objectives：MBO）という経営技法として確立

され、アメリカの多くの大企業に導入されていった。

　MBO は「行動計画に組み込み得る具体的で測定可能、かつ期限の明確な目標や目的を、上司と部下が相互に設定し、その目標を追求することによって達成するとともに、上司と部下が合意した客観的業績基準をもとに評価が行われ、目標達成度と進捗状況が観察・測定される管理プロセス」と定義される[2]。

　目標設定を通じて、個人の主観（ビジョン）と客観（強み）、そして組織の主観（共通の目的）と客観（共通の利益）が統合することになる。

　日本でも 1961 年に東京芝浦電気（現・東芝）が全従業員を対象に目標管理制度を導入し、1966 年には目標管理の体験談を公刊したことが契機となって、1970 年代にかけて導入する企業が拡大していった。「ノルマを課すための制度」という批判もあり、いったんは下火になったが、1990 年代から 2000 年代にかけて成果主義が流行すると、その制度的基盤として目標管理制度の普及が再度進んだ。

　アメリカでは業績向上のためのマネジメントツールとしてはじまったが、日本では人事評価ツールとして広く浸透したという違いがある。職能資格制度が普及していた日本では、達成度という一律の基準が持てることは好都合だったということだろう。

　成果主義は、理念としては正しかったが、人件費総額を抑えて配分でなんとかしようとしたため、モチベーションの向上にはつながらず、数値化にこだわる目標設定にも疑問が残った。当時のマネジャーは目標設定と評価のフィードバックにかなり苦労していた。

　目標管理制度についても、「運用に手間がかかりすぎる」「形骸化していて効果が下がっている」などの指摘が多い。制度の目的は①業績推進、②公正な評価、③人材育成であるが、アメリカがそうであったように、業績推進のための制度としてブラッシュアップして、評価とは切り離す企業も出てきて

---

2 D. マッコンキー著、広田寿亮訳『アメリカの目標管理——目標設定から業績評価まで』（産業能率短期大学出版部）

いる。

THINK

あなたは目標管理制度について、評価される立場として、また評価する立場として、どのような課題を感じていますか？

2017年の調査[3]によると、大企業における目標管理制度の導入状況は以下のようであった。

> 導入し、継続する予定である　64.5%
> 導入しているが見直す予定だ　12.7%
> 導入していたが、廃止した　3.6%
> 導入していない　18.3%

MBOの見直しや廃止に向かった企業は、具体的にはノーレイティング[4] (No Rating) やOKR[5] (Objectives and Key Results) を検討したようである。改革のテーマは、目標による業績推進と評価の分離、スピード感のある目標管理、変革への挑戦ということだが、目標を持つこと自体を否定したわけではない。そして、現在も約7割の企業はMBOをブラッシュアップしながら使い続けている状況である。

目標管理制度について、マネジメント上、とても重要なポイントがある。それはドラッカーが提唱した目標管理は "Management by Objectives and Self-Control"（下線は筆者）であり、自己統制（自己管理）を前提としたものだったということだ。ドラッカーは、「自己管理による目標管理こそ、マネジメントの哲学たるべきものである」とまで言い切っている。

それが管理技能として整えられる過程で、Self-Controlの部分が忘れら

3　リクルートワークス研究所「人材マネジメント調査」（2017年）
4　GEで生まれ、日本でも日本マイクロソフト、P&Gジャパンなどで導入された制度。従来の数値やランクでの評価に代わる評価技法
5　インテルで生まれ、Google等に広がった目標管理の技法

第3章 ● 業績を高める——目標達成支援のマネジメント　81

れ、組織目標を分割してメンバーに下ろしていくことや評価するための技法とすることに集中してしまったのである。

あらためて、目標管理制度とマネジメントの関係について整理しておこう。目標を持つのは、あるべき方向に業績を推進するためであり、メンバー一人ひとりが目標を明確にすることで、仕事に対してオーナーシップを持ち、のびのびと仕事に取り組むためである。マネジャーは、メンバーの主体性を引き出しつつ、組織として望ましい目標を創り出し、目標達成を側面支援していくことになる。

20世紀初頭のテイラーの時代の科学的管理法のように、ノルマを課すという性格のものではなく、管理という言葉も本来はなじまない。

3-3 良い目標とはどのような目標か

目標は自己管理するためのもの、とした時に、マネジャーの第一の仕事は良い目標設定ができるように貢献することである。目標設定を丁寧にやろうとすると相当の手間がかかるが、ここは時間をかけるだけの価値があると考えよう。

IMAGINE

「良い目標」という言葉から、あなたはどのような目標を思い浮かべますか？　この後の解説を読む前にイメージしてみてください。

今まで、目標管理制度のもと、自分自身の目標設定とメンバーの目標設定を合わせて、数えきれないほどの目標を考えてきただろう。あなたは自分自身を良い目標設定ができる人だと考えているだろうか。実は、良い目標を設定できるスキルを持っている人は意外なほど少ない。良い目標は良い業績を導き出し、担当組織を望ましい方向に持っていくことができるにもかかわ

ず、あらためて目標設定の技法を学ぶ機会もなかったと思う。

　そこで、良い目標の条件を5つに整理してみた。じっくりと読み込んで、目標設定がうまいマネジャーになってもらいたい。

良い目標の条件①：自分自身で決めた目標だと思えること

　目標が組織から与えられたものではなく、自分から望んだものだと思えるように決めること。

　自らの意思に関係なく決められてしまうと、それは「ノルマ」に思えてしまう。ノルマとは「一定の時間の中で果たすべき標準的な仕事量」のこと。語源はロシア語の「норма（ノルマ）」であり、旧ソ連軍に捕らえられた日本兵が、過酷な環境の中で厳しいノルマを課せられ肉体労働に従事した「シベリア抑留」を契機に日本に入ってきた言葉である。ネガティブなイメージしかなく、目標をノルマだと感じたらモチベーションは下がってしまう。

　ポイントは決める手順にある。

　マネジャーが一方的・命令的に仕事を割り振って目標設定するのではなく、担当組織全体で取り組まなければならない仕事について説明したうえで、各メンバーに自らの目標案を考えてもらうのである。この時、[JA ⑤ ジョブ・クラフティング]が習慣化しているマネジャーだと、良い目標のコーディネートができるだろう。

　メンバーによる目標案をベースにして、全体のバランス等を勘案して最終案に仕立て、正式な目標にしていくという手順を踏めば、ノルマのような強制感はなくなり、意欲を持って職務にあたることができる。

　読者からは次のような質問が出てくることが想定される。「意欲の低いメンバーが多く、自分で考えさせると小さめの目標を上げてくるのではないかと想像するが、その時はどうすればいいのか？」と。

　確かに、意欲の低いメンバーの目標案を足し合わせても担当組織に課せられた目標には届かず、そのままだと差分をマネジャーである自分がプレイヤーとして穴埋めしなければならなくなるというケースが想定される。

第3章 ● 業績を高める──目標達成支援のマネジメント　83

そうならないために重要なのが、直前期の評価フィードバックやキャリア面談である。フィードバックの際には［JA ㉖成果検証］や［JA ㉚改善指導］を行うが、その際には、「今回の成果を活かして次はこのようなことに着手してみてはどうか」「今回の反省を踏まえて次はこういうことも考えてみてはどうか」というアドバイスをすることになる。またキャリア面談であれば、本人のキャリア展望を踏まえて、成長のためにどのような経験を積むことが望ましいかという対話をするはずである。そのようなコミュニケーションをしておくことが、次の期の意思を持った目標案につながってくる。上司との対話を思い出しつつ、忘れていませんよというメッセージを兼ねて目標案に盛り込んできてくれたら、良い目標設定になるだろう。

　もうひとつは［JA ⑬手挙げ誘導］を実施してみることだ。各メンバーが目標案を考える前に、「あの仕事だけどこんな風にやってみるといいかもね」「チームとしてはこんな課題に向き合わないといけないんだけど何かいい知恵はないかな？」「○○さんが産休に入るからそれを周囲の人たちで分担してもらわないといけないよね」「部長はうちのチームにこういうことを期待しているみたいだよ」というような参考情報を提示しておくのである。これは強制になると失敗で、あくまでもさりげなく目の前に「置いておく」。少々テクニカルな方法だが、上司とメンバーの信頼関係が形成されている時はうまくいくことが多いと思う。

　一方で、意欲が高い人には、より多くの仕事を担ってもらうことも考えなければならない。優秀で意欲の高いメンバーに「その仕事、私がやりますよ」と手を挙げてもらえるムードをつくっておかなければならない。

THINK

　仕事ができる人に仕事が集中してしまうことがあります。このことのプラスとマイナスを考えてみてください。

　短期的に考えるならば、一部の人に仕事が集中してしまうことは仕方ない

ことである。

経済学者のヴィルフレド・パレートが発見した法則によれば、「全体の大部分（8割）は一部分（2割）から生み出されている」（パレートの法則）のであり、会社の業績も8割は2割の社員から生み出されていると考えられる。また皇帝ナポレオンの言葉に「何かをさせようと思ったら、一番忙しいやつにやらせろ。それがことを的確に済ませる方法だ」がある。一部のできる人に仕事が集中することは、必然であり合理的ですらある。

しかしそのことによって、力がありながらそれを持て余す人を生み出しているのならば、ジョブ・アサインメントとしては望ましくなく、また、特定の人への集中は何かがあった時に仕事が止まってしまい、誰もカバーできないというリスクを抱え込むことになる。中期的に人材育成の機会を与えられていないという課題もあろう。

マネジャーは「できる人に仕事を集中させること」と「メンバー全員にバランスよく仕事を配分すること」の間で、適切な着地点を見つけなければならないのである。

もちろん、意欲を持ってプラスアルファの仕事を受け持ってくれる人には評価において報いることや、感謝の心を伝えることが不可欠である。それがあると信じられるから、大きな目標を持つことを自ら起案してくれるのである。

良い目標の条件②：戦略・理念と個人をつなぐ目標であること

［JA②パーパス接続］はマネジャーが担当する組織の目標と全社のパーパスをつなぐものだが、メンバー一人ひとりの目標もより大きな組織のパーパス・理念・戦略等とつながりがあるものであることが望ましい。具体的には次のような情報がメンバーに共有されていることが理想的である。

□会社としてのパーパス（存在意義）もしくは経営理念・創業精神など
□中期経営計画として発表された戦略や具体的計画

第3章 ● 業績を高める——目標達成支援のマネジメント　85

□部門の３カ年計画や重点施策
□部の戦略や方針
□課の目標や方針

　会社の規模や状況により、メンバーの仕事とのつながりを見つけやすいもの、つながりをつけてほしいものを重点的に深く共有してもいいだろう。マネジャーがひとりでやるというよりは、良い目標を設定できるように、全社もしくは部門で取り組むことで、社長・役員や部門長らが、若手社員の参加を得ながら少人数で対話をするような機会を繰り返し設定するなどが考えられる。マネジャーとしては、担当組織とその上の組織の今期計画や３カ年戦略などを自らの言葉で語ることが大事である。これは［JA⑤ジョブ・クラフティング］に該当する。課で取り組む仕事に対して［JA⑭意義説明］を行うことも有効である。

　組織の目標に対する信頼度の高さはワーク・エンゲージメントに大きな影響を与えることがある。ワーク・エンゲージメントとは、オランダのユトレヒト大学教授であるW. B. シャウフェリによって提唱されたものである。従業員と仕事の間に構築される思い入れであり、仕事に対するポジティブで充実している心理状態を示す。現在多くの企業でワーク・エンゲージメントの数値を測定し、公開し、数値を上昇させる取り組みをしているところである。

　組織の目標に対する信頼度が高い場合、従業員は組織の目標やビジョンに共感し、それらに貢献する意欲が高まる。このような状況下では、従業員は自分の仕事が組織の目標達成にどのように貢献しているかを理解しやすくなり、自身の役割に対する満足度や意欲が向上する。一方で、組織の目標に対する信頼度が低い場合、従業員は組織の方向性や目標に疑念を抱く可能性がある。これはワーク・エンゲージメントを低下させ、従業員のモチベーションやパフォーマンスに悪影響を与えることになる。

　そのためリーダーは、組織の目標を明確に伝え、従業員の信頼を築くこと

図3-1 ワーク・エンゲージメント

ワーク・ エンゲージメント	活力 仕事をしていると活力がみなぎるように感じる
	熱意 自分の仕事に誇りを感じる
	没頭 仕事をしているとつい夢中になってしまう

出所：筆者作成

が重要である。従業員が組織の目標に共感し、それらに貢献する意欲を持てるようにすることが、ワーク・エンゲージメントを向上させるための重要な要素のひとつとなる。

良い目標の条件③：SMART原則を満たす目標であること

目標設定の方法には、SMART原則と呼ばれる基準がある。

Specific
Measurable
Achievable
Relevant
Time-bound

の頭文字をとったものだ。このうちRelevantは、組織全体のビジョンや目標と関連しているという意味で、特に重要なものとして良い目標の条件②として説明済みであるため、残りの4つについて解説しておこう。

Specificは、具体的で理解しやすい目標ということである。たとえば「顧客からの信頼を勝ち取る」という目標を掲げたとしても、どうしていいかわからず達成しようという意欲も湧かない。具体的に「顧客のリピート率を前期より高める」とすれば、わかりやすくなり、さらにどのようにしてリピート率を上げるのかを考えてそれを目標に掲げるならば、より追いかけたくな

第3章 ● 業績を高める——目標達成支援のマネジメント　87

る目標になるだろう。

Measurable は測定可能な目標ということである。測定可能でない目標は達成したかどうかもわからないため、評価できないし達成意欲も湧きにくい。たとえばマネジャーが「メンバーとのコミュニケーションを良くする」という目標を立てても測定できないので評価のしようがない。これならば「すべてのメンバーと 1on1 ミーティングを開催する」とした方がいいだろう。

ただし Measurable という基準は危うさも含んでいる。測定可能＝数値化と理解され、数字で示せる目標にしなければならないと考えられているが、数値化できないものもあるので、無理やり数値化することによって本質がずれてしまうことがあるからである。たとえば人材育成のようなテーマの場合に「3 時間の研修に 5 人送り込む」というような目標を掲げても、それが本当に目指していることではない。その時は定性目標であっても、評価可能なものであれば構わないだろう。「年度末までにリーダーシップ機会をつくり、後継候補を指名する」というように達成基準がはっきりしていれば、むしろ定性目標の方が適切なこともある。

Achievable は、達成可能で実現可能な目標ということである。リソースや時間の制約を考えて、現実的な目標にしなければならない。高すぎる目標を掲げがちな人もいるので、すり合わせの時に現実的な目標に調整してあげた方がいいだろう。マネジャーの中には「メンバーに高い目標を持たせて頑張らせれば、たとえ半数が達成できなくても組織としては達成できる」という考え方をする人もいるが、これではメンバーのモチベーションは大きく下がってしまい、1 回だけはうまくいったとしても持続的ではなくなってしまう。

Time-bound は、期限がある目標ということである。目標は期限を切って設定するものであり、通常は目標管理制度の 1 期で目指す目標を掲げるものだが、たとえば 3 カ年かけて達成するような目標を掲げる時には、1 期の末までにどこまでやるかを目標としなければならない。最終期限だけでなく、中間段階の目安目標を決めておくとさらによいだろう。

いずれも常識的な基準だが、ある会社の目標設定シートを実際に見せても

らった時に、驚くほどSMART原則を満たしていない目標が多かった。実際にやってみると難しいものである。

TRY IT

あなたが現在掲げている目標がSMART原則を満たしているか、確認してみてください。

良い目標の条件④：挑戦的目標を含むこと

目標には「ルーフショット」と「ムーンショット」の2種類があることをあなたはご存じだろうか？

ルーフショットとは、Roof Shot、つまり屋根に届くほどのショットであり、正しく努力すれば達成できるはずの目標ということになる。目指すは100％達成であり、それ未満ではマイナスに評価される。

一方のムーンショット[6]とは、Moon Shot、つまり月に届こうとするようなショットであり、はじめから100％達成は望めない挑戦的な目標であるため、少しでも前進したことを積極的に評価しようというものだ。マイナス評価は基本的にせず、50～60％達成できれば高い評価ができるというものである。

目標管理制度に基づく目標設定では、目標をひとつだけ掲げるのではなく、3～5個くらいの目標を掲げることが多いと思う。その場合、バランスとして、3つあるならそのうちひとつをムーンショットに、5つあるならそのうち1～2個をムーンショットにすることが適当だろう。

どれがルーフショットでどれがムーンショットなのかをマネジャーとメンバーの間で期初に確認しておくこと。評価基準が異なるのでここは明確にしておかなければならない。

---

6 もともとは月に向かってロケットを打ち上げることを指した。第35代アメリカ合衆国大統領のJ. F. ケネディがアポロ計画を発表し、人類を月面着陸させるという前代未聞の挑戦を有言実行したことから、困難は伴うが野心的で夢のある計画をムーンショットと呼ぶようになった

第3章 ● 業績を高める——目標達成支援のマネジメント　89

［JA ⑩ ストレッチ］は、ムーンショットとして高い目標に挑戦してもらうということである。特に、量的にではなく質的に難度が高い目標をムーンショットに設定することを考えてみるとよい。

良い目標の条件⑤：中期的目標へのアプローチを含んでいること

経験豊かで、しばらくはこの組織で仕事をする可能性が高いメンバーには、今回の目標設定期間だけで終わるのではない中期的な目標を、ひとつでいいので設定することをお勧めしたい。

つまりこれから３年（程度）で何を成し遂げるか、どこまで到達するかという目標を持つのである。

中期的目標を掲げる場合は、バックキャスティング（backcasting）[7]というアプローチを用いるとよい。バックキャスティングとは、最初に目標とする未来像を描き、次にその未来像を実現するための道筋を未来から現在へとさかのぼっていくシナリオ作成の手法のことである。現在を始点として未来を探索するフォアキャスティングと比較して、大きな変化を起こそうという時に有効なアプローチである。

まずは３年後に実現したい姿を言語化したうえで、２年後、１年後の状態、場合によっては半年後、３カ月後の状態までさかのぼり、どのようなペースで進めるかを一気にシナリオにしてしまう。

ESG(Environment ＝環境／ Social ＝社会／ Governance ＝ガバナンス）関連のテーマや DX（デジタルトランスフォーメーション）、マーケティングを大きく変更する時など、先の見通しがつきにくい案件で試してみるといいだろう。

---

7 バックキャスティングは 1970 年代以降に広まった思考法で、環境保護など今までに経験したことのない課題に対応するアプローチとして活用されてきたもの。SDGs（持続可能な開発目標）採択以降は、課題解決に有効なアプローチとして広く認知されてきている

3-4 個人が立てた目標に寄り添い達成に導く

　良い目標が設定できれば、次の仕事は側面支援へと移っていく。

　設定した目標に向けての取り組みがどのように進んでいるかをモニタリングしなければならない [JA ⑰進捗把握]。多様なモニタリング方法があるが、目標管理に関するものとしては、「全員の目標を公開する」という方法が面白い。これはマネジャーが進捗把握を行うだけでなく、メンバー同士で他者の目標がわかるため、相互の協力や支援を生み出しやすくなるというメリットがある。

　目標を他者に見られることで、ピア・プレッシャー（同調圧力）がかかり、目標達成の意欲が高まるという効果も期待できる。同じ仕事を担当している人同士であれば、競い合い、切磋琢磨するという風土を生み出しやすくもなる。

　ただしメリットばかりではない。目標を公開することによってプレッシャーが高まり、不達成が続くと逆に意欲が低下してしまうということもあるだろう。目標の高低について、「○○さんの目標は低すぎるのではないか。不公平だ」といった不満が出てくるかもしれない。マネジャーの [JA ⑨分配戦略] を公開することでもあるので、事前にしっかりと説明をしておくことや、そもそも良い目標を設定することがマネジャーに課せられる。

　目標を公開するグローバル企業が増えてきているので[8]、検討してみてもいいだろう。その際はメンバーの声を聞き、拒否反応がないかを確かめてから実行に移した方がいい。

　マネジャー自身が行うモニタリングで特に重要なのは、中間面談である。

　３カ月に一度くらいの、「進捗状況の報告を受け、必要に応じて目標の修正・追加を行い、今後の進め方についてアドバイスし、達成へ向けての期待を表

---

8 Google や Meta では目標を公開している

第3章 ● 業績を高める──目標達成支援のマネジメント　91

明する」ことを目的とした面談である。マネジャーからアポイントを取ることで、定期的に行われる重要な面談との共通認識をつくっておきたい。

　日常的に会話をしているメンバーであっても、あらたまって目標の話をする場は重要である。メンバーの人数にもよるが、マネジャーとメンバーとのコミュニケーション量にはかなりばらつきがあるものだ。全メンバーとコミュニケーションをとっているとマネジャーが思っていても、デバイスをつけて測定してみると当のマネジャーが驚くほど偏りがある。会話量が少ないメンバーは「マネジャーから私は期待されていない」「あまりよく思われていないのではないか」という疑念を持つようになるのだ。中間面談で、しっかりと話に耳を傾け、期待を表明することは、欠かせないコミュニケーションである。

　中間面談までに状況が変化していて目標自体が変更を余儀なくされる場合は、積極的に目標を修正する必要がある。意味のない目標を長い期間にわたって掲げ続けると、目標に対する信頼性が損なわれる。期中に追加業務が発生した場合は目標に追加しておこう。

　目標達成の可能性が極めて低くなってしまった場合は、「目標を下げますか？」と提案し、本人が納得した場合には修正することが望ましい。一方的に下げると意欲を喪失してしまうので、あくまでも合意のもとに下げることが重要だ。もちろん下げた場合は達成しても評価は一段低くする。面談の終わりにそのことを確認しておく。

　目標達成に向けて順調にいっているメンバーとそうでないメンバーがいるが、順調にいっていないメンバーを叱ることは避けたい。ゴールはまだ先なので、穏やかに状況や原因をヒアリングし、遅れている原因と解決策をともに考えるというスタンスがいいだろう。マネジャーからアドバイスをする場合は、一方的にこうしなさいと強制するのではなく、メンバー自身が考える余地を残すようにすることがポイントである。致し方なく指示する場合も「こういう方法もあるのでは？」という提案型のコミュニケーションを心がけたい。目標管理は自己管理が原則だということを常に頭に置いて対応したいも

92

のだ。

　順調にいっている場合は、当たり前という態度をとらずに、しっかりとほめておきたい。[JA ㉑リアルタイムフィードバック]である。予定よりも早く進んでいるという時には、喜びの表情を見せてもいいだろう。

IMAGINE

　あなた自身がメンバーに対して行った中間面談を思い出してみてください。ここに書いたようなポイントはできていたでしょうか？

　メンバーの目標達成に寄り添うにあたってもうひとつ大事なマネジャーの仕事は、[JA ㉒隠れ支援]である。マネジャーによる支援はあくまで側面から行うことが原則である。隠れ支援は、マネジャーが持っている権限や、社内外の人的ネットワークを活用したものなど、メンバー自身ではできないことが達成のために有効であると判断した時に行う。マネジャーはその業務についてメンバーよりも経験があり知見もあるかもしれないが、そちらの具体的アドバイスは、中間面談の際や、メンバーから求められた時に限定しておいた方が無難である（詳しくは次節3-5を参照）。

　隠れ支援は、メンバーがマネジャーから支援を受けたことを忘れるくらいでちょうどいい。それが、メンバーが自立した強いチームをつくるポイントである。

3-5 マイクロマネジメントの危険性

　隠れ支援の重要性を忘れて、マネジャーが手を出し、口を出したらどうなるだろうか。優秀なプレイヤーだった人がプレイングマネジャーになると、問題点や改善策が見えてしまうため、つい口を出したくなる。また、仕事が好きな人ほど細かい部分が気になって、こだわりの強さから口を出してしま

第3章 ● 業績を高める──目標達成支援のマネジメント　93

いやすい。

　このような関与は「マイクロマネジメント」と言って、歓迎されないマネジメントスタイルである。

　マイクロマネジメントにも穏やかなものから激しいものまで幅があるが、一般的には、部下の行動を細かく管理・チェックして自らの不安を和らげようとする行為、自己顕示欲から部下の仕事の細部にまで指示を入れる行為などがイメージとなっている。根底には部下に対する不信感があると思う。同じマネジャーでも信頼しているメンバーに対しては任せているにもかかわらず、そうでないメンバーに対しては過剰なほどに細かく報告を求め、指示するという人がいるからだ。

　Google 社は、2009 年の社内調査で優秀なマネジャーとはどのような人かを分析した結果として 8 つの習慣を公表しているが、そのひとつとして「部下に権限委譲せよ。マイクロマネジメントはするな」を挙げている。[9]

　ジョブ・アサインメントの一連の行動とマイクロマネジメントとがいかに逆行するものかを確認しておこう。まずジョブ・アサインメントの中核には［JA ⑯権限委譲］があるということだ。Google 社の「権限委譲せよ」が示すように、マイクロマネジメントの正反対に権限委譲がある。権限委譲したら、あとはメンバーを信頼して、しっかりと［JA ⑱見守り］つつ、［JA ㉒隠れ支援］に徹し、よほどのことがない限り［JA ㉓軌道修正］などの介入はしないというのがジョブ・アサインメントである。

　権限委譲したように見せて実はしていないというケースもよく見られる。権限委譲したにもかかわらず頻繁に報告・連絡・相談を求めるようだと、それは権限委譲したとは言えない。報告を受けるたびに目標というゴールを少しずつ動かしていく。メンバーの側に決定権がないから、マネジャーにお伺いを立てるしかなく、案を提示しても違うとはねのけられてしまう。これでは何も任せていないわけで、メンバーは主体性を失ってしまうだろう。

---

9 A. ブライアント「Google's Quest to Build a Better Boss」, The New York Times, 2011 年 3 月 12 日

マイクロマネジメントの結果として生まれるのは次のような被害である。

☐メンバーがマネジャーの判断に依存するようになり指示待ちになる
☐メンバーのモチベーションが下がる
☐メンタルヘルス疾患が出てくる
☐離職者が増える
☐マネジャーの仕事もメンバーの仕事も増える
☐組織の業績が下がる

これでは誰も幸せにならない。自分自身にマイクロマネジメントの傾向があると思いあたる人は、行き過ぎないうちに、自らのマネジメントスタイルを見直した方がいいだろう。ジョブ・アサインメントを学習して実行することは、そのための有効な方法となるはずである。

3-6 評価結果のフィードバック

目標達成支援のマネジメントの最終段階には、期末面談や評価のフィードバックがある。頑張ってくれたメンバーの仕事を正当に評価する重要な仕事である。

まずは設定した目標の結果がどうであったかを丁寧に振り返ることからはじめよう。マネジャーとしての見解と、メンバー本人の見解をすり合わせるのだが、事前にメンバーに自己評価をしておいてもらうとよいだろう。

結果がどうであったかだけでなく、結果に至るプロセスも振り返ることがポイントだ。

☐目標達成に向けてどのような創意工夫をしたか
☐どのような能力が高まったか

第3章 ● 業績を高める──目標達成支援のマネジメント　95

☐目標に書いていなかった予期せぬ成果はあったか
☐次につながる中間成果物はあったか
☐目標設定時に読み誤ったことはあったか

　上記のようなことを問いかけてみるのもいいだろう。

　期末面談での対話を重要な参考情報にして、マネジャーとしての当該期の査定案を付ける。その後も、大きな成果を上げた時には［JA ㉖成果検証］や［JA ㉗ディスクローズ］などを行っていく。

　最終的な評価点は評価ポイントとともにフィードバックすることになるが、フィードバックの基本スタンスは「良い点は躊躇なくしっかりとほめる」と同時に「課題点ははっきりと指摘して改善を求める」ということである。当たり前のことだが、実際にやるとなると難しい。

　ネガティブな話をするのは誰でも気が重い。話をした時の不満そうな顔や反発を思い浮かべると、できることならば逃げたいと思うのが人情だ。しかしマネジャーには、課題がある時には反省を求め行動の改善を促す役割がある。どうすればうまく伝えることができるか、改善してもらえるか。その答えは相手のタイプによって異なるので、試行錯誤する経験を積み重ねるしかない。[10]いずれにしてもマネジャーは冷静に対処することが重要で、感情的になってはいけない。気を遣って間接的に言おうとすると、多くの場合伝わらない。問題を指摘した後にフォローのつもりで良い話もすると、問題指摘の方は忘れてしまうなどの難しさがある。

　一方で良い評価をした場合も必ずしもメンバーと歓びを共有できるとは限らない。それは、人には「ポジティブ・イリュージョン」[11]が存在するからである。正常で健康な人は、「非現実的に肯定的な自己概念を有し、周囲の

---

10 中原淳『フィードバック入門──耳の痛いことを伝えて部下と職場を立て直す技術』（PHP ビジネス新書）第4章では、タイプ＆シチュエーション別にフィードバックのポイントを解説している

11 Taylor,S.E.,& Brown,J.D. (1988), Illusion and well-being: A social psychological perspective on mental health. Psychological Bulletin,103,193-210

環境を統制する能力があると信じ、自分の将来は平均的なものと比べてより
よいものだと考える」傾向があるというのだ。つまり、客観的・正当な評価
よりももっと高い評価を当然に求めるのである。自己を高く評価するのは精
神的な健康を守るためだといわれている。

IMAGINE

　自分と同じレベルだと思ったら相手の方が少し優秀、相手が少し上だと
思ったら相手の方が圧倒的に優秀だそうです。あなたには思いあたる経験は
ありませんか？

　マネジャーにできることは2つ。まずはポジティブ・イリュージョンを
認識し、ほめるべきところは査定点で補えないところをカバーするように躊
躇なくほめること。もうひとつは、丁寧に評価結果を説明し、メンバーの話
を聴くことで不満を緩和することである。

第3章 ● 業績を高める──目標達成支援のマネジメント　97

1分間で読める！　第③章サマリー

□業績を上げるために目標は不可欠で、目標がなければ組織は混乱する
□目標管理の本質は自己管理であり、マネジャーは部下の主体性を引き出して目標を創り出し、目標達成を側面支援する立場である
□良い目標の条件
　①自分自身で決めた目標だと思えること
　②戦略・理念と個人をつなぐ目標であること
　③ SMART 原則を満たす目標であること
　④挑戦的目標を含むこと
　⑤中期的目標へのアプローチを含んでいること
□設定した目標を公開することは有効な方法である
□中間面談の役割は大きいのでおろそかにしないこと
□マイクロマネジメントに陥らないように注意
□評価フィードバックから逃げずにしっかりほめしっかり叱ることが重要
□誰にでもあるポジティブ・イリュージョンを認識しておくこと

関連 JA ＝ ②⑤⑨⑩⑬⑭⑯⑰⑱㉑㉒㉓㉖㉗㉚

第4章

人を育てる
―― キャリア支援のマネジメント

4-1 マネジャーはメンバーが「育つ」機会をつくることができる

　本章では、人材育成というテーマにマネジャーとしてどう向き合えばよいかということを考えてみよう。

　マネジャーの本来の役割は組織のリーダーとして組織業績に責任を持つことだが、マネジャーに期待することを経営者らにたずねた調査結果を見ると、人材育成がたいていトップに出てくる。

　経団連が経営者にたずねた調査を見てみよう。[1]　ミドルマネジャーにとって特に重要な役割の上位3つを挙げた合計を見ると、最も多かったのは「部下のキャリア・将来を見据えて、必要な指導・育成をする」であった。しかも、自社のミドルが達成できていないと思うものの2位にもこの項目が挙がっており、人材育成を期待しているができていない、と経営者は考えていることがわかる。

　マネジャー自身にたずねても同様の結果が出てくる。リクルートマネジメントソリューションズがミドルマネジャーにたずねた調査[2]では、「管理職としてあなたが重要だと考えている役割は何ですか（最大3つ選択）」という問いに対する回答の第1位が「メンバーの育成」（52.0％）であり、「日々のマネジメント業務で難しいと思っていること（あてはまるものすべて）」の第1位も「メンバーの育成・能力開発をすること」（56.0％）となっている。

　マネジャーにとって、メンバーの育成は最大の悩みだと考えていいだろう。

　それにもかかわらず、どのようにメンバーを育てたらよいのか？　ということについて誰も教えてくれないという現実がある。ほとんどの会社ではこのような内容の研修もないと思われるし、上司が教えているかといえば、そのような話も耳にしない。

1　経団連「ミドルマネジャーの現状課題の把握等に関する調査結果」（2011年）
2　リクルートマネジメントソリューションズ「マネジメントに対する人事担当者と管理職層の意識調査」（2023年）

なぜだろうか？

ひとつの理由は、多様なメンバーがいる中で、どのような育成がフィットするかは個人差があり、ばらつきが大きいため、ノウハウが複雑で教えることが難しいということだろう。

唯一、新入社員の育成にあたっては形ができている。会社の仕組みやルールを教え、幹部との関係をつくり、いくつかの現場をローテーションして複数の職務を経験させ、先輩が指導担当となって日々の悩みに寄り添い、タイミングを見て一人前の仕事を任せ、支援してひとり立ちさせる（[JA ㉒隠れ支援]）、という手順である。

しかしこれさえもケース・バイ・ケースであり、すべての新入社員が同じ職業能力を持っているわけではないし、成長に対する意欲も異なる。大卒の新入社員でも３年で３割が辞めるということは、初期の人材育成がうまくいっていないということを意味している。多くの新人は自分が成長できる会社で働きたいと思って会社選びをしているので、働いても成長実感が得られなければ転職を考えることになる。

組織を構成するメンバーのダイバーシティが進んできている現在は、より人材育成が難しくなってきているということである。

もうひとつの理由は、職場での人の成長について、意図的に育てるというよりも、勝手に育つものという感覚が強かったからだろう。マネジャーの皆さんとこのテーマで話をすると、「自分自身、誰かに育てられたというよりは、仕事の経験を通じて成長したように思う」という返答が多い。つまり勝手に育ったということであり、だから意図的に育てるイメージが湧かなかったり、意図的に育てるということが甘やかしに見えたりするのではないだろうか。

IMAGINE

あなたが成長したと思う時を振り返ってください。育てられましたか？それとも育ちましたか？

このテーマで議論をすると、「人が人を育てるなんておこがましい」とか「成長力がある人は勝手に育つし、そうでない人はどうやっても育たない」などの意見がたくさん出てくる。育てるという観点では、教えるとか育ちやすい環境をつくるとか、成長できる仕事を与えるといったことがあり、育つという観点では、本人の成長欲求や学習スキルなどがあり、どちらか片方が正解というわけではなさそうだ。あえて言うならば、人は勝手に育つものだと考えてマネジャーとしての育てる役割を放棄してしまってはいけない、ということではないだろうか。人は「育つ」ものだが、そのためには支援（＝育てる）が必要なのである。

支援の中心となるのは「機会を与える」ということである。

新たな学習を得られるような経験機会があるかどうかは環境によって異なる。職場によってはルーティンが大半を占め、新しい経験をする機会などないということもあるだろう。その時にマネジャーが機会を与えてあげれば、経験を通じた学習プロセスが動き出すかもしれない。

もちろん、ルーティンが大半を占めていても、新しいアプローチを試してみようという挑戦心や楽しむ心を持っていればその中で自ら機会を創り出せるとも言えるが、マネジャーが支援することでより機会が広がることは間違いない。

功名を立てた人に、成長につながった経験をたずねた「一皮むけた経験」という研究がある。もともとアメリカのリーダーシップ研究機関であるCCL（Center for Creative Leadership）が行ったもので、日本では関西経済連合会が同様の調査を行っているが、ここから確認できたことは、「修羅場経験」が人を育てるということだった。マネジャーがメンバーに意図的に修羅場経験を積ませようとして機会を提供すれば、人が育つ「支援」となるだろう。[JA ⑩ストレッチ] そのものだが、タイミングさえうまく計れば、メンバーを育てることができるかもしれない。

ジョブ・アサインメントを通じて経験機会を用意する方法としては、ほかに[JA ⑪最適マッチング] [JA ⑫テーマアサイン] [JA ⑯権限委譲] などもある。

人は勝手に育つものという考えは間違ってはいないが、マネジャーは経験機会を与えるという支援を通じて成長をより促進することができるのである。

4-2　役割としての人材育成と価値観としての人材育成

　人材育成はマネジャーの仕事ということは理解しても、多忙で時間に追われていて、なかなかそこまで手が回らないと感じるかもしれない。

　しかし、ジョブ・アサインメントの中に人材育成につながる要素が溶け込んでいるので、実際にマネジャーが人材育成に取り組むかどうかは、時間的余力というよりは、マネジャー自身の職業価値観の問題だと感じる。

　人材育成に熱心なマネジャーは、それが役割だからやっているという以上に、人を育てることに大きな価値を感じているからなのだと思う。

　私は、ミドルマネジャーの人々へのキャリア相談を行う機会があるが、そこで「あなたが仕事を通じて実現したいことは何ですか？」と問うことにしている。よく出てくる回答の上位2つは「仕事を通じて顧客や関係者を幸せにしたい・笑顔にしたい」ということと「自分の部下や後輩を成長させたい」ということである。

　このような回答は、次のマネジャー候補になる層でも見られる。

　他者を育てたい・成長させたいという価値観を持っている人は、（本人が気づいていないケースもあるが）マネジメント適性が高い人だと思う。このような価値観を「世代継承の心」と呼ぶ。大事な概念なので、よく理解しておいてほしい。

　まずは図4-1を見ていただきたい。これはE. H. エリクソンのライフサ[3]

---

3 E. H. エリクソン（1902-1994）は、アメリカの発達心理学者で精神分析家。心理社会的発達理論を提唱した。主著に『ライフサイクル、その完結』村瀬孝雄・近藤邦夫訳（みすず書房）などがある

図4-1　世代継承の心——E. H. エリクソンのライフサイクル論

乳児期	幼児前期	幼児後期	児童期	青年期	成人期前期	成人期後期 子供を産み 育てる時期	老年期
基本的 信頼感	自律性	積極性	勤勉性	同一性	親密性	**世代継承性**	自己統合
VS	VS	VS	VS	VS	VS	VS	VS
不信感	恥	罪悪感	劣等感	同一性 の拡散	孤立	停滞性	絶望

出所：E. H. エリクソン、西平直・中島由恵訳『アイデンティティとライフサイクル』（誠信書房）

イクル論というものである。

　成人期後期というのは、マネジャーに昇進する時期であり、会社では部下を持ち、家庭では子どもを産み育てる時期にあたる。この時期に芽生えるのが、世代継承性（generativity）である。世代継承性とは、次の世代を確立し導くことへの関心であり、この時期に芽生えないと停滞性という対人関係の窮乏化が起こる。つまり自分自身を甘やかしたり、自己愛が強くなりすぎたりという現象である。

　世代継承性が芽生えるか否かは、成人期前期に他者との親密な関係が生まれるかどうかにかかっている。職場の例でいうならば、上司や先輩、同僚などと助け合い、時には面倒を見てもらい恩義に感じるような関係である。親密性がなければ孤立を感じる。孤立とは、危険と感じられる人を拒絶し、孤立させ、必要とあれば崩壊させようとする心構えである。

　親密性は成人期後期の世代継承性へとつながり、「今度は自分が次の世代をつくっていこう」という価値観が生まれるのである。世代継承の心が延々とつながっている組織とそうでない組織とでは、人の育ち方が異なるものだ。人が育つ組織では脈々と世代継承の心が継続されている。

　役割だから人材育成をしようということだけでは少々弱い。役割を後押しする価値観があってこそ、人材育成が進むのである。

4-3 \ 個別指導からキャリア支援へ

　成長する機会を与えるということ以外の人材育成のアプローチについても見ていこう。

　まず思いつくのは、自分自身が持っている知識や技術を直接メンバーに教えるということだ。これは［JA ⑳個別指導］としてジョブ・アサインメントの項目にも盛り込まれている。皆さんはプレイヤーとして磨き上げた知識や技術で、メンバーが身につけたら業績向上に役立つものを持っているのではないだろうか。これをメンバーに技能継承するのである。

　個別指導には確立された方法論がある。認知的徒弟制というもので、1980年代にアメリカの認知学者であるJ. S. ブラウンやA. コリンズらが、伝統的な徒弟制に見られる修行過程を認知的に理論化した教育技法である。伝統的な徒弟制では「背中を見て学べ」と言われるように教えすぎないことがポイントとされてきた。単純にこれをやると成長意欲が高い人しか成長しないという問題や、ひとり立ちするまでに時間がかかるという問題があった。一方で、手取り足取り教えるような方法では、自律的な人材が育たず、育成が思うように進まないという問題がある。

　そこで、より科学的に教育方法を確立したのが認知的徒弟制である。OJT（On-the-Job Training）の理論的基礎となったものである。以下の4つのステップから成り立つ[4]。

①モデリング（modeling）
　指導者であるマネジャーがメンバーに仕事のやり方を見せて教える。メンバーはマネジャーのやり方を観察し、模倣する
②コーチング（coaching）

4　認知的徒弟制はもともと6つのステップからなるものだったが、企業内で自律性を重視して行う
　教育法として4つのステップのものが浸透した

第4章 ● 人を育てる──キャリア支援のマネジメント　105

マネジャーはメンバーに実践の機会を与え、メンバーの実践行動を観察し、模範通りにできるようヒントやアドバイスを与える

③スキャフォールディング（scaffolding）

メンバーが自力で行える仕事は任せ、できない仕事だけをマネジャーがサポートする。メンバーが自分自身で失敗を反省できるよう支援する

④フェーディング（fading）

メンバーがひとり立ちできるよう、マネジャーは少しずつサポートを減らしていく

THINK

認知的徒弟制で気をつけるポイントや限界はどこにあると思いますか？

　認知的徒弟制の４段階をマスターして、個別指導ができるようになるといいだろう。ただし、認知的徒弟制が機能するためにはいくつかの前提条件と限界があることは、知っておかなければならない。

　まずはマネジャーが、教える仕事について丁寧に口頭で説明できる必要がある。できることと、教えられることは違う。背中で見せることはできても、教えようとするとうまくできないという人の方がむしろ多いのではないだろうか。これが暗黙知と形式知の違いという言葉で語られる問題で、一橋大学名誉教授の野中郁次郎氏が広めた概念である。

　そしてマネジャーには基礎的なコーチングの訓練を受けることが期待される。コーチングとはメンバーが目標達成に向けて自らの力で考え行動できるように支援することで、そのためのコミュニケーションスキルが体系化されている。コーチングの外部講習を受講させている企業も多いので、すでに受講済みというマネジャーも多いのではないだろうか。

---

5 暗黙知は、昔ながらの職人の技術に象徴されるような経験則や勘に基づくノウハウで、言語化されていないもの。形式知は、マニュアルやガイドラインにまとめられているような、言語化され目に見える知識のこと

さらにマネジャーとメンバーとの間に、教え・教えられる関係が成り立っていることも欠かせない。「あなたにやり方を教えます」「ぜひ教えてください」という合意が成り立っていることで、知識が継承される道ができるのである。

限界とは、この方法で教えられる人数は限られるということである。そしてすでに方法が確立している分野の技能以外は対象になり得ないということが挙げられる。たとえば、新規事業開発の方法を教えるというような認知的徒弟制はそもそも成立しないということだ。

マネジャーによる人材育成という観点からすると、認知的徒弟制による個別指導は本丸とは言えず、むしろプレイヤーのための後輩育成法という感覚だろう。一部の若手メンバーに限定して行うものだと理解しておきたい。

それでは、認知的徒弟制でもなく、成長機会のアサインメントでもない、マネジャーの人材育成の本丸はどこにあるか。

それは「キャリア支援」である。

[JA ㉛キャリア支援] は結果のフィードバックと、その機会を使った今後のキャリアに関する対話を指しているが、もう少し広げて、キャリア支援でマネジャーにはどこまでできる可能性があるのかを考えてみたい。

[JA ㉛キャリア支援] 自体も実施しているマネジャーの比率は低いので、人材育成のためのキャリア支援について、自信を持ってやっていると言い切れるマネジャーはごく少数だと思うが、それだけに逆に身につける価値がある人材育成方法だと考えていいだろう。

4-4 強みを磨くことがキャリアの基本戦略

キャリアデザインの第一歩は自分自身の強みを認知することからはじまる。エリクソンのライフサイクル論では青年期のテーマに「同一性 VS 同一性の拡散」があったように、若い時には、自分自身の強み・弱みや個性とい

第4章 ● 人を育てる──キャリア支援のマネジメント　107

うものがわからず、むやみに他者と自分を比べて劣等感を持つことがある。それが年齢や経験を重ねるにつれて、自分は自分、他者は他者と考えられるようになっていく。他者とは違う自分ということについて、自分の強みは○○、Aさんの強みは△△、Cさんの強みは□□というように、対比して個性を認知できるようになる。

「自らの強みに集中せよ」（ドラッカーの言葉）がキャリアの基本戦略であり、同一性を確立して、そこから将来のキャリアについての視界が広がるのである。マネジャーによるキャリア支援のスタートもここにある。

TRY IT

あなたのメンバーを一人ひとり思い浮かべて、強みをメモに書き出してみてください。すべてのメンバーの強みを言語化できますか？

マネジャーの中には、メンバーの欠点ばかりが気になって、不満を募らせてしまう人もいる。これではマネジャーもメンバーも幸せにはなれない。人は誰しも強みと弱みの両方を持っているので、強みを先に見つけることができるか、それとも先に弱みに目がいってしまうかは、大きな分岐点だ。

マネジメントの話に限らず、一般的に、先に強みを見つける習慣を身につけた人は、人間関係を円満にすることができるものだ。後から弱みを見ても、強みを知っているから許すことができる。反対に、先に弱みに目がいってしまう人は、その人に対して否定的な感情から入るので、良い人間関係を築くことが難しい。

ある程度の年齢になると、弱みは直らないものだ。強みと弱みは表裏一体のようなもので、どちらも個性であるから、弱みを無理やり直そうとすると、強みまで壊れてしまう。同じエネルギーをかけるならば、弱みを直すよりも強みを磨くことに集中した方がいい。それがキャリアの基本戦略といわれるゆえんである。

マネジャーがすべきこと①：強みを言葉にして伝えてあげる

　そこでまず①にチャレンジしてみよう。人はそれぞれ、自分がどのような強みを持っているかはなんとなくわかっているものの、言語化できていない人が多いものだ。その時に信頼できる上司から、「あなたのこの部分はとても素晴らしい。価値がある強みだと思うので、その強みに磨きをかけてください」と言われれば、そこからキャリアデザインがスタートするに違いない。

　注意するところは、その人の全体を見て、仕事の成果を上げるうえで価値があると考えられる一番の強みを見つけてあげること。もしも心もとなかったら、そのメンバーとともに働く周囲の人々の意見も聞いてみるとよい。強みは日常的に発揮されるものなので、長い間一緒に働いている人には共通理解になっているはずである。

　強みには、知識や技術・技能などの専門スキルもあれば、良い仕事をするうえでの行動習慣もある。どちらでも構わない。次節4-5で職業能力について説明するので、それを参考にして考えてみるといいだろう。

　メンバーの強みをしっかり言語化しておくと、査定会議や人材開発委員会などの場で話す時にもうまく伝えることができる。それができないと、自分が付けた1次考課点を査定会議で通せないとか、人事異動や昇進審議の調整がうまくできなくなってしまう。

　強みを伝えたら、その次にマネジャーがなすべきことは明確である。

マネジャーがすべきこと②：強みを活かせる仕事をアサインしてあげる

　ジョブ・アサインメントのひとつに［JA⑪最適マッチング］がある。そのメンバーが強みを活かして成果を上げてくれそうな仕事で、他のメンバーに頼むよりもよさそうな仕事を意図的にアサインする。これは業績を高めることに直結するので、キャリア支援以前の問題として、マネジャーとしてはぜひやりたいことである。

　任せる時には「あなたには○○という強みがあるから、それを活かして頑

第4章 ● 人を育てる──キャリア支援のマネジメント　109

張ってくださいね。大いに期待していますよ」との言葉を添えれば、気持ちよく意欲を持ってその仕事に向き合ってくれるだろう。

マネジャーがすべきこと③：相互に弱みを補完できるチームをつくる

次のステップで考えたいことはチームづくりである。メンバーそれぞれに異なる強みと弱みがあるのならば、Aさんの弱みはBさんの強み、Bさんの弱みはCさんの強みとなるような補完関係を見つけ出して、チームづくりに役立ててほしい。

ひとりでは成し遂げられないことを成し遂げるために組織があるので、強みが異なる多様な人々がひとつのテーマを共有し、役割を分担しながら、大きな成果を上げていく姿は美しいものだ。

このようなマネジメント行動は、第1章の配慮型マネジメントで紹介した「補完」そのものである。

大事なポイントは、自分が苦手にしていることを得意にしている人に敬意を払うこと。もちろんマネジャー自身も例外ではない。これさえできれば、弱みの部分は助けてもらいながら強み部分で貢献し、業績を上げることができる。

マネジャーがすべきこと④：強みを活かす次のステージについて対話する

メンバーが自分の強みを認知し、強みを活かして貢献できるようになったら、評価フィードバックやキャリア面談などの機会を使って、「強みに磨きをかけて、より大きな仕事に向かうイメージをしてみないか」と問いかけてみたい。マネジャーとして、たとえば……というようにアイデアを提供してあげるのもよいだろう。いくつか例を挙げてみよう。

□意見が異なる人の調整をしてまとめ上げることがうまいので、組織横断プロジェクトのリーダーをやってみてはどうか

□不動産についてよく勉強してお客さんから信頼を得ているので、不動産鑑

定士のような資格にチャレンジして、より高度な取引ができる営業職を目指してはどうか

□プロジェクト・マネジメントの専門性を応用して、わが社の課題を解決するプロジェクトを率いてみてはどうか

□電気系のエンジニアとして実績を上げてきたので、機械系の知識も広げながら、新商品の研究開発に挑戦してみてはどうか

□広報担当としていくつかのトラブル対応を経験し、うまく対処してきたので、その経験をベースにリスク・マネジメントの道に進むのはどうか

　自らの強みに磨きをかけて日々の仕事を発展させていくイメージができると、キャリアを考えることが楽しくなるはずだ。

マネジャーがすべきこと⑤：人事異動をコーディネートする

　強みを活かして成長スピードが上がってきたメンバーがいたら、そろそろ異動を考える時期である。いつまでも自分の担当組織に閉じ込めておいてはいけない。成長に伴走してきたという思いがあるメンバーは手放したくないものだし、確実に業績を上げてくれる計算ができるので重要な人材だが、長すぎる滞在は成長スピードを阻害してしまう。

　本人の希望をヒアリングしながら、また本人が考えていない場合でもマネジャーから示唆・打診しながら、次の成長ステージへといざなってあげてほしい。

　担当組織だけを考えると、優秀なメンバーを異動させることは業績にマイナスだが、より大きな組織もしくは会社という視点で考えれば、成長を促進する人事異動は中長期的な業績を高めるための手段である。人材を抱え込むのではなく、成長のための最適解を追い求められるマネジャーは、幹部や人事からの信頼が厚くなり、より優秀な人材や将来性がある人材を任せられるようになるだろう。

　人事異動は担当マネジャーだけの判断ではできないため、本人の希望やマ

第4章 ● 人を育てる──キャリア支援のマネジメント　111

ネジャーとしての意見をベースに、上席の部長と情報を共有して、コーディネーターの役割を果たしたいところだ。

4-5 職業能力を正しく理解しておく

　人材育成とは職業能力を高めることにほかならないが、そもそも職業能力とは何だろうか？　そこに理解がないと、人材育成を戦略的に進められないので、ここで整理しておこう。

　まずは図4-2を見てほしい。これは年齢別・役職別に職業能力の向上をグラフ化したものだ。

　主要業界のリーディングカンパニーの社員を横断調査したもので、回答者のスコアを偏差値化してグラフにしてある。縦軸はリーダーシップのレベルを示し、横軸は専門性のレベルを示す。きれいに右肩上がりになっているのがわかるだろう。

　つまりこの調査は、職業能力＝リーダーシップ×専門性だという前提に立っている。

　年齢を5歳刻みで見ると、30代後半から成長度が鈍っているように見える。

　これは年齢とともに成長しにくくなるということではなくて、ミドルからはばらつきが大きくなるということである。新人の頃は誰もが一人前になるという目標を掲げているので毎年成長していくが、ひとり立ちした後は、プロを目指して精進するとか、役職が上がって仕事の難度が上がるというようなことがないと成長しなくなるのである。役職別のグラフがきれいに右肩上がりになっているのはそのことを示している。

　ここで重要になるのがキャリアデザインである。自分自身の近未来の理想的なキャリアを思い描いて、目標を持って日々の仕事に取り組んでいれば、成長は持続するということだ。人の成長はそれほど連続的なものではない。

112

図4-2　職業能力＝リーダーシップ×専門性

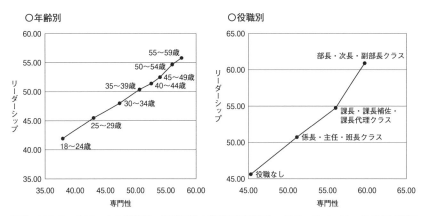

出所：リクルートワークス研究所・慶應義塾大学SFC研究所キャリア・リソース・ラボ共同研究
　　　「21世紀のキャリア観研究会2011」

ある経験によって大きく成長したかと思えば、停滞期で伸び悩む時もある。

　ここで、リーダーシップという職業能力について掘り下げておこう。リーダーシップとは何か。人が複数人集まって何かを行おうとすれば、そこには必ずリーダーシップが求められる。仕事の場面に限った話ではない。たとえば、友達と集まってどこかに遊びに行こうという時でも、誰かがスケジュールを組み、誰かが何をして遊ぶかを決め、誰かが費用のことを考えなければ前には進まない。多くの場合は自然に役割が決まって、それぞれのパートごとに誰かがリーダーシップを発揮しているのである。つまりリーダーシップとはひとりのリーダーが発揮するものではなく、チームを構成する全員に発揮が期待されているものなのである。リーダーシップを発揮した経験を積み上げることによって、高いレベルでリーダーシップが発揮できるようになった時に、公式に「リーダー」という立場に就くのである。

　リーダーシップを要素分解すると、対人リーダーシップと対課題リーダーシップに分かれる。リーダーシップの研究者である三隅二不二はこれを「集団維持行動と目標達成行動」と呼んだ。またリーダーシップのオハイオ研究

と呼ばれる調査では、心理学者 C. シャートルがこれを「配慮と構造づくり」と呼んだ。言葉は違えども、対人と対課題ということで一致している。はじめのうちは対課題しか発揮できない人や対人しか発揮できない人もいるし、対人でも人数が多くなると発揮できないという人もいる。そこから徐々にリーダーシップを涵養していき、大きな組織のリーダーを務められるほどにレベルアップしていくのである。

　対人リーダーシップとは、参加しているメンバーがチームとして目指している目標達成に貢献できるように促していくことを示す。励ましたり、巻き込んだり、意見を吸収したり、協働できる雰囲気をつくったりして、全員がコミットできるようにしていく。そのやり方に正解はなく、その人なりのやり方でよい。

　対課題リーダーシップとは、自分自身が目標達成に直接的に貢献することを示す。意見を言ったり、案を考えたり、計画を立てたり、リスクをコントロールしたりすることで、これもまた人の数だけやり方があると言ってもよい。

　このようなリーダーシップは、多様な人々との協働経験の積み上げによって磨かれていくものだ。同じ人とばかり仕事をしていると、あうんの呼吸で仕事ができるようになって楽だが、リーダーシップは涵養されない。むしろ難しい人が多いような組織でともに目標を追いかけた経験の方が、その時は苦しいかもしれないが、リーダーシップは涵養される。会社でジョブ・ローテーションを行う目的の大きなひとつは、さまざまな組織でさまざまな人と働く経験をすることでリーダーシップを涵養させることにあるのである。

IMAGINE

　あなたは対人と対課題とではどちらにより自信がありますか？　リーダーシップが涵養された経験としてどのようなことを思い浮かべますか？

　リーダーシップのスタイルはその人の持つ強みと密接に関係する。セルフ・

チェックでリーダーシップのスタイルを分析してみよう。理解促進のために、まずはマネジャーであるあなたのリーダーシップスタイルをチェックしてみてほしい。次ページの図4-3にある質問すべてに回答して、どの項目が相対的に高くなるかを確認する。

これは基礎力自己診断シートと呼ぶものである。基礎力とはどんな仕事をするにも必要となる能力のことで、コンピテンシーやリテラシーによって構成されている。リーダーシップのスタイルを決めるのは、基礎力のどこに強みがあるかということと、仕事に対する信念・価値観である。

TRY IT

図4-3の基礎力自己診断シートに回答し、スコアを集計してください。

親和力、協働力、統率力、感情制御力、自信創出力、行動持続力、課題発見力、計画立案力、実践力、論理的思考力、創造的思考力、言語的処理力、数的処理力の中から、相対的にスコアが高いもの2つ、低いもの2つを選び出してください。

高い基礎力2つを活かしてリーダーシップを発揮するイメージを思い浮かべて、どのようなスタイルのリーダーシップかを言葉にしてみてください。

第4章 ● 人を育てる──キャリア支援のマネジメント　115

図4-3　基礎力自己診断シート

				【能力の発揮レベル】					合計点	基礎力
				レベルにある極めて高い	レベルにあるやや高い	レベルにある一般的な	レベルにあるやや低い	レベルにあるかなり低い		
コンピテンシー	対人能力	a	①相手が話しやすい雰囲気をつくり話を聞き出す力	5	4	3	2	1		親和力
			②相手が今どのような感情や心理なのか口に出さなくても察知する力	5	4	3	2	1		
			③自分と価値観や考え方が違う人とでも話に折り合いをつける力	5	4	3	2	1		
		b	①組織の中で自分がどのような役割を演じるべきかを見極める力	5	4	3	2	1		協働力
			②必要な情報を関係者に共有し、根回しする力	5	4	3	2	1		
			③自らの手が回らない仕事や専門外の仕事をうまく他者に頼む力	5	4	3	2	1		
		c	①公式の場で自分の意見をしっかりと発言する力	5	4	3	2	1		統率力
			②反対意見にも耳を傾けて、それらの意見を尊重する力	5	4	3	2	1		
			③正しいと思ったことを、相手に説明し説得し納得させる力	5	4	3	2	1		
	対自己能力	a	①「怒り」や「喜び」といった感情を周囲への影響を考慮してコントロールする力	5	4	3	2	1		感情制御力
			②ストレスを自分なりの方法でマネジメントする力	5	4	3	2	1		
			③大事な場で本来（もしくはそれ以上）の実力を発揮する力	5	4	3	2	1		
		b	①自分の強みや弱みを明確に言葉で説明する力	5	4	3	2	1		自信創出力
			②まだ未経験のことでも「きっとできるはず」と考えて挑戦する力	5	4	3	2	1		
			③気が進まないことでも自分なりの楽しみ方を見つけて取り組む力	5	4	3	2	1		
		c	①上司に先んじてやるべきことややり方を提起する力	5	4	3	2	1		行動持続力
			②一度やると決めたことは三日坊主にならず最後までやり遂げる力	5	4	3	2	1		
			③生活のリズムを安定させて体調を管理する力	5	4	3	2	1		
	対課題能力	a	①必要な情報を自分なりの情報源から適切に収集する力	5	4	3	2	1		課題発見力
			②歴史や事例などから自らに有効な知識を導き出す力	5	4	3	2	1		

リテラシー	対課題能力		③問題が起こった時に原因を徹底的に掘り下げる力	5	4	3	2	1	計画立案力
		b	①業務の進め方（だんどり）を決め、スケジュールを組む力	5	4	3	2	1	
			②起こりうる変化を複数想定してシミュレーションする力	5	4	3	2	1	
			③立案した計画を多面的に評価し、リスクをコントロールする力	5	4	3	2	1	
		c	①計画を自ら率先して行動を起こす力	5	4	3	2	1	実践力
			②実行中に新たな課題が見つかった時に柔軟に軌道修正する力	5	4	3	2	1	
			③結果を振り返り、反省し、次回に活かす力	5	4	3	2	1	
	思考力	a	①仮説を立てたり、結論を想定したりしながら物事を考える力	5	4	3	2	1	論理的思考力
			②考えたプランの全体像を図1枚にまとめて示す力	5	4	3	2	1	
			③客観的な証拠を示しながら、自分の考えを主張する力	5	4	3	2	1	
		b	①他者のアイデアを吸収しながらプランを練り上げていく力	5	4	3	2	1	創造的思考力
			②他者とは異なる視点から問題提起し議論をリードする力	5	4	3	2	1	
			③問題解決のアイデアを常に率先して生み出す力	5	4	3	2	1	
	処理力	a	①（数百字から数千字でひとつのテーマをわかりやすく表現する）文章力	5	4	3	2	1	言語的処理力
			②ひとつのことを表現する時に適切な言葉を思いつき、使いこなす力	5	4	3	2	1	
			③外国語を話す力、書く力、読む力	5	4	3	2	1	
		b	①P/LやB/Sなどの経営に関する数字を使いこなす力	5	4	3	2	1	数的処理力
			②統計データや調査データを読みこなす力	5	4	3	2	1	
			③情報端末を有効に活用して情報収集やコミュニケーションをする力	5	4	3	2	1	

出所：筆者作成

いかがだろうか？　参考のために、私自身の分析を記述しておこう。

私の強い基礎力は「課題発見力」「論理的思考力」であり、弱い基礎力は「親和力」「実践力」だった。そこから考えたリーダーシップスタイルは、問題解決案を自ら考え、わかりやすく皆に共有し、ぶれず、あきらめずに目標達成まで続けるというスタイルである。途中で意欲を低下させてしまう人に寄り添えるサブリーダーをつくっておくことで、足りない分をカバーすることにした。実際に、できる限りこのようなリーダーシップのスタイルをとるようにしている。

この基礎力自己診断シートは、リーダーシップスタイル分析だけでなく、強みを発見するためのものとしても使える。あなた自身が自分で試した後に、メンバーにも回答させてキャリア支援に使うことを推奨したい。10分程度で簡易にできるものだが、考えるヒントになると思う。

リーダーシップの話が少し長くなったが、職業能力のもうひとつの構成要素である専門性の話に移ろう。専門性を磨くということは、プロフェッショナルとしてレベルを上げていくということである。

4-6 プロフェッショナルを育成する

私はキャリアデザイン研修の講師を務めることがあるが、そこでは必ず「あなたは何のプロですか？」もしくは「何のプロになりたいですか？」と問いかけている。日本の企業社会では、職能資格制度に基づく評価・処遇が長く続いたために、プロを育てるということを軽視してきた。あるいは、プロという言葉を安っぽく使ってきた。しかし、あらゆる職務が高度化して国際競争が激しくなってきた現在、それぞれの領域ごとにプロフェッショナルがいなければ市場で生き残る企業にはなれない。当然キャリアデザインにおいても、プロフェッショナルになることは大事なステップになる。

2013年に政府の産業競争力会議が発表したレポートには、日本型雇用に

ついて「このシステムは、高度経済成長の原動力となったが、外部労働市場や教育・訓練システムの活性化が図られず、また、グローバルに通用するプロフェッショナルの育成にも不向きであった」[6]と書かれている。プロを軽視してきたことを政府が認めている文章だと考える。

　ドイツに代表されるような資格社会では、早い段階で職業選択を迫られるが、日本では職業選択のタイミングは極めて遅い。進路選択に関していうと、諸外国では高校から大学に行くタイミングで、どの大学に行き、何を専攻するかということと密接に関係している。医師になりたい人は医科大学や医学部を選び、エンジニアになりたい人は理工系の学部とその先の修士・博士課程を見据える。もちろん高卒で就職する人や専門学校等に行く人はそこで職業選択をする。それに対して日本では、進路選択をせずに、偏差値（受かるかどうか）と地域、大学のブランドイメージで進学先を選ぶ人が多い。そして就職活動の時期になって、進路選択を飛ばして就職する会社を決めるということになる。自分のキャリアを描けていないところで就職先を決めなければならないので、重い就活になってしまう。しかも、就社社会であったために、会社を選んでもまだ「自分が何者になるのか」という職業選択は先送りされて、結局社会人になってからのキャリアデザインのテーマになるのである。

　ジェネラリストという言葉やスペシャリストという言葉に対する誤解がミスリードしてきた側面もある。ジェネラリストとは、ある分野の専門性を持ったプロフェッショナルが守備範囲を広げて対応能力を持った状態を指すもので、専門性がない人を指すわけではない。スペシャリストとは、一定範囲に特化して仕事をする専任職にあてはめられることもあり、プロフェッショナルと同じ意味で使うこともあれば、もっと単純な職務に使うこともあった。そのような言葉の影響が、プロフェッショナルという重要な概念を見えにくくしてきたと思う。

---

6 産業競争力会議雇用・人材分科会「中間整理（案）～『世界でトップレベルの雇用環境・働き方』の実現を目指して～」（2013 年）

あらためて、プロフェッショナルとはどのような人かを確認しておきたい。

プロフェッショナルとは、ある特定の領域・分野における体系的な知識と再現可能な技術を持った人である。

専任職（スペシャリスト）の場合は、すでに決められた職務を効率よく正確にこなすことであり、数カ月から数年でひとり立ちでき、他の専任職に代替することが可能である。[7] それに対して専門職（プロフェッショナル）は、何をやるかはおおむね決まっているが、どうやるかには個人差がある。ひとり立ちするのに10年程度の時間がかかり、仕事の成果は他のプロと差別化できるため、指名で仕事の依頼が来ることも多い。

プロフェッショナルにとって大事なのは知識や技術だけではない。知識や技術を磨き込んでいく過程で、自然に芽生える「プロフェッショナリズム」と呼ばれる職業意識が極めて重要だ。簡単に整理すると次の5つになる。

①仕事に対するオーナーシップ

　仕事のやり方は自分で決め、自分で責任を負う

②利他性

　仕事で質を追求するのは、自分以外の誰かの利益のため

③職業倫理

　専門家としてやるべきこととやってはいけないことを知る

④絶えざる向上心

　これでいいということがなく、常に高みを目指して努力する

⑤信念

　こうであるべきという強い主観・価値観を持っている

利他性や職業倫理はコンプライアンスに直結する。絶えざる向上心や信念はイノベーションに直結する。そのため、企業においてプロフェッショナリ

---

7 スペシャリストもプロフェッショナルと同じ意味で使われていることがある。注意が必要であり、それが混乱の原因にもなっている

ズムはなくてはならないものなのである。

　仕事に対するオーナーシップを持つプロフェッショナルは、自分自身の
キャリアに対してもオーナーシップを持つようになる。自分のキャリアを決
めるのは、組織ではなく、ほかならぬ自分自身であるという思いだ。そこま
でいけば、人材育成という観点でのマネジャーの役割はほぼ終わりを告げる。
あとは絶えざる向上心や信念をベースとして、自分で「育つ」ようになるだ
ろう。

IMAGINE

　あなたはご自身をプロだと思いますか？　５つのプロフェッショナリズム
はあなたの中にありますか？

4-7 キャリアの振り返りを支援する

　マネジャーによる人材育成の中心はキャリア支援であること、そしてキャ
リア支援のゴールは、メンバーがキャリア・オーナーシップを覚醒させるこ
とにあることを述べてきた。

　これまで紹介してきたこと以外にもマネジャーにできるキャリア支援があ
るので、解説しておこう。ジョブ・アサインメントからは外れるが、知って
おくと皆さん自身のキャリアにも役立つだろう。

　キャリアデザインの方法は、キャリアの節目を迎えた時に、これまでのキャ
リアを振り返り、そして近未来を展望することである。

　キャリアの節目は、トランジション（transition）と呼ばれるもので、就・
転職、昇進、職種や地域を超えた人事異動、出向・転籍、結婚や出産、自身
や家族の病気、親の介護、親の他界など、大きな仕事上・生活上の出来事を
指す。このような時に、これまでのキャリアを振り返り、近未来を展望する
ことが推奨されている。

第４章 ● 人を育てる──キャリア支援のマネジメント　121

では、どのように振り返るのか、マネジャーによる支援はどのようにすればよいのかを考えていこう。

　キャリアを振り返る時の最良の方法は「語る」ことだと私は考えている。これまでの経歴を誰かに語るのである。その時に、自分自身が印象に残っている仕事や、成果を上げることができた自慢の仕事、あの時自分は成長できたと振り返ることができる出来事など、テーマを持って語るのがよい。

　振り返りのポイントは、これまでのキャリアで自分が一貫してこだわってきたこと、大事にしてきたこと、気づいたことなどを「解釈する」ことにある。過去の記憶なので、都合良くアレンジされているところがあるかもしれないが、それで全く構わない。誰かに説明をする時に、バラバラな内容であったり矛盾する内容であったりすると、話していて気持ちが悪いので、筋を通して話そうとするのだが、そこで解釈が生まれ、気づきが生まれる。自分の口から出た言葉は目の前にいる聞き手だけでなく、自分自身も聞いているので、自分に聞かせているということでもあるのだ。筋の通ったキャリアの振り返りを自分に聞かせる機会をつくる。これが、マネジャーができる振り返り支援というキャリア支援である。

　担当する組織に人事異動で新しいメンバーが来た時に（もちろん自分自身が異動した時も）、異動してきたメンバーと１対１の時間をとって、「これまでにどのような仕事をしてきたのか聞かせて。特にいくつか印象に残っている出来事や仕事があれば詳しく知りたいな」と声がけして、話を聞くのである。これは大変有益な機会になると思う。そのメンバーにキャリアの振り返りの機会を与えるということと、そのメンバーの強みや弱みを知り、最適マッチングのための情報収集機会とすることを同時にできるからである。

　個別に聞くのではなく、１枚の紙を使ってグループで行う方法もある。図4-4のような「キャリア曲線」というものを全員に書いてもらい、それを使って自己紹介をするのだが、短い時間で効率的にできる。新規の組織やプロジェクトを立ち上げて、メンバーが一堂に会した時などに適している。

122

図4-4　キャリア曲線

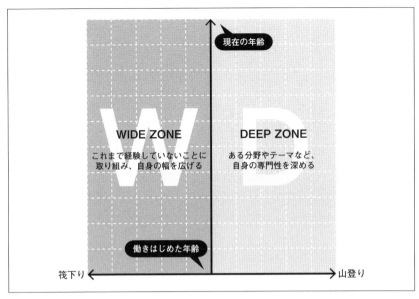

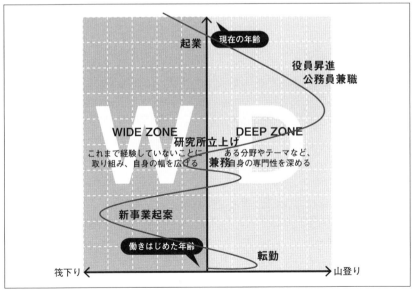

出所：筆者作成

第4章 ● 人を育てる──キャリア支援のマネジメント　123

図の書き方を説明しよう。縦軸には社会人になってから現在に至るまでの時間経過をとっている。左側のゾーンは「筏下り」ゾーン。[8]新しいことにチャレンジして経験の幅を広げていた時である。筏下りとは、ゴールを目指すのではなく、その瞬間を全力で過ごして、筏がひっくり返らないようにするエキサイティングな経験を例えている。右側のゾーンは「山登り」ゾーン。この道を究めようと腹をくくってひとつの専門性を深めた時である。山登りなので頂は明確。それを目指している間は他の選択肢は捨てて集中する。

　その時が筏下りの時間だったのか、山登りの時間だったのかは、主観なので、同じ経歴だったとしても書く人によって曲線は異なる。変化したポイントには何があったかを単語で書き込んでおくとよい。育児休業等で仕事を離れていた期間は線が切れていても構わない。参考のために私自身のキャリア曲線も示しておこう（図4-4下）。

TRY IT

　あなた自身もキャリア曲線を書いてみましょう。

　この図はキャリアデザインのツールだが、書いて語る場を設けることは、マネジャーによるキャリア支援にもなるだろう。キャリアの振り返りは、自分自身の仕事に対する志向や価値観、そして何をしている時が楽しいのかを再確認することになるはずだ。それがウォーミングアップとなって、あらためて前を向くことができるのである。

4-8　キャリアの展望を支援する

　振り返りが終われば、あとは近未来を展望するだけだ。近未来はあまり長

---

8 「筏下り」―「山登り」モデルについての詳細は、大久保幸夫『キャリアデザイン入門（Ⅰ）（Ⅱ）』（日経文庫）

すぎても短すぎてもいけない。たとえば10年後を展望しようとすると、あまりにも先のことで現在にバックキャスティングすることができない。そもそも10年後のことは誰もわからないし、見えてしまっているとしたらそれは残念な未来である可能性が高い。逆に1年後の展望にしてしまうと現在に縛られすぎてしまう。大きく成長する可能性も感じられず、つまらない展望になってしまうだろう。最も適当な近未来は3年後というところだと考える。

たとえば3年後。あなたはどうなっていたいだろうか？

IMAGINE

あなたは3年後、どうなっていたいですか。最もワクワクできる近未来を想像してみましょう。何をしていますか？　誰が隣にいますか？　どんなことを語っているでしょうか？　できるだけリアルにイメージしてみてください。

「3年後、どうなっていたいか？」。マネジャーであるあなたは、できる限り支援することを伝えてメンバーに問いかけてみてほしい。多くのメンバーは突然そのようなことを聞かれても即答できないだろう。それでもたずねることに意味がある。マネジャーに問われ、一生懸命に考えることが重要だ。答えられない時は、次の機会にまた聞くと宣言しておくのもいいだろう。

「あなたのキャリアは誰が決めると思う？」とたずねてみるのもいいだろう。終身雇用の日本では、自らのキャリアを会社に預けてしまいがちだ。図4-5に示したように、他国に比べて、キャリアを自分で決めると考えている人は日本では半数に満たない。

しかし、会社がすべての社員に対して最適なキャリアパスを設計することなど不可能である。新入社員として過ごす数年間ならば、会社が責任を持って育成し、ひとり立ちさせることもできるかもしれないが、そこから先は、自分のキャリアは自分で考えることが大原則である。まずは希望を語っても

第4章 ● 人を育てる──キャリア支援のマネジメント　125

図4-5　キャリア・オーナーシップの国際比較

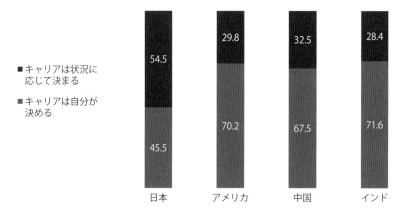

出所：リクルートワークス研究所「五カ国マネジャー調査」（2015年）

らい、会社・事業の状況と折り合いがつくならばその通りにするし、そうでない場合は相談するというのが合理的だろう。

　自分のキャリアは自分で決めるというスタンスがキャリア・オーナーシップというものであり、すでに述べたように、キャリア・オーナーシップを持つ人は、「育つ」ことができるのである。

　もともとすべての人は、新卒で就職活動をする時にキャリア・オーナーシップを持っていたはずなのだ。だが、就職が決まるとそれを忘れてしまう人がいる。マネジャーの支援によってそれを思い出すことができれば、キャリア支援としては大成功である。

　メンバーのキャリア展望を促すうえで使えるシートも紹介しておこう。

　キャリアマップというもので、9つのマス目からなるものだが、外側の8項目を埋めて、最後に中心にある「3年後の目標」を書き入れるスタイルになっている。外側の8項目を踏まえて真ん中を書くのがポイントである。

9　大久保幸夫『キャリアデザイン入門（Ⅱ）』（日経文庫）参照

図4-6　キャリアマップ

能力（強み）	志向 （好きな仕事）	価値観 （パーパス）
専門性 （何のプロか）	キャリア・ゴール （3年後の目標）	私の リーダーシップ
直らない弱み	直面している チャンス	会社からの期待

　マス目の上段3つの項目は「キャリアに関する3つの問い」というもので、キャリアデザインの教科書には必ず出てくるものだ。[10]①能力：自分は何が得意か？　②志向：自分はいったい何をやりたいのか？　③価値観：自分はどのようなことに意味や価値を感じるか？　という3つを自問自答して書き込むようになっている。中段の左右は職業能力に関するもので、左は専門性、右はリーダーシップについて問うている。下段は制約要件である。直らない弱み、直面しているチャンス、会社からの期待をたずねている。それらをいったん埋めたところで、理想的な3年後を言葉にしてみようというのである。

　キャリアデザイン研修ではこのキャリアマップを、オリエンテーションを含めて1時間程度で完成させてもらっている。短い時間であっても、先ほどのキャリア曲線とこのキャリアマップを書くと、キャリアデザインに関するイメージが浮かんでくる。ぜひうまく活用してもらいたい。

10　アメリカの組織心理学者 E. H. シャイン（1928-2023）が提唱した

最後に、マネジャーがキャリア支援を行ううえでの注意点は、マネジャー自身にキャリアデザインの経験がないとか、キャリア・オーナーシップを持っていない場合にはうまくできないかもしれないということだ。まずは自分自身もキャリア・オーナーシップを持ち、自ら「育つ」人であることを大事にしてもらいたい。

1分間で読める！　第④章サマリー

☐ 人は勝手に育つものだが、マネジャーは支援を通じて成長を促進することができる
　→一皮むけた経験
☐ 役割だから人材育成をするというのでは少し弱く、役割を後押しする世代継承という価値観があってこそ人材育成が進む
☐ マネジメント以前に、自分が持っている知識や技術を直接教える認知的徒弟制の4段階を習得しておきたい
☐ 強みを磨くという基本戦略を実行するためにマネジャーが行うこと
　①強みを言葉にして伝えてあげる
　②強みを活かせる仕事をアサインしてあげる
　③相互に弱みを補完できるチームをつくる
　④強みを活かす次のステージについて対話する
　⑤人事異動をコーディネートする
☐ 職業能力はリーダーシップと専門性の掛け算
　→基礎力診断がリーダーシップスタイルを知ることに役立つ
☐ プロフェッショナルを育成することには大きな価値があり、特にプロになる過程で形成されるプロフェッショナリズムという価値観は企業経営に不可欠である
☐ メンバーのキャリアデザインを支援するには2つのプロセスがある
　①キャリアの振り返りを支援する
　→キャリアを語らせる・傾聴する（キャリア曲線を書く方法）
　②キャリアの展望を支援する
　→3年程度先のなりたい姿を問う（キャリアマップを描く方法）
☐ メンバーのキャリア・オーナーシップを覚醒させる

関連 JA ＝ ⑩⑪⑫⑯⑳㉒㉛

第5章

やる気を引き出す
―― エンパワーのマネジメント

第5章では「やる気を高める」マネジメントの方法について取り上げる。モチベーションといわれる仕事に対する意欲が高まることは、第2章で紹介した下の公式が示すように、業績に直結するものである。

$$\text{Performance} = f\,(\text{Ability},\ \text{Motivation})$$

マネジャーはメンバーのやる気とどう向き合っていけばいいのか、いくつかの切り口から考えてみたい。

5-1 「期待している」というパワーワード

ニュースで世論調査の結果が報道されることがある。その中で、現政権の政策について「期待しているか・いないか」をたずねるものがあるが、私はいつも、この聞き方は正しいのだろうかと疑問に思っている。「支持している・いない」とか「評価している・いない」ならばわかるのだが、国民が政府に対してはじめから「期待していない」ということがあるのだろうか。期待して、頑張ってもらわなければ国が回らなくなるので、期待はせざるを得ないのではないだろうか。

これはマネジャーとメンバーの関係にも言える。マネジャーはすべてのメンバーに期待しているはずだ。メンバーという他者を通じて業績を上げる役割を負っているマネジャーにとって、メンバーに期待することなしに仕事は成り立たない。

ところがメンバーの受け止め方はさまざまで、上司から期待されていると感じている人もいるし、上司から期待されていないと感じている人もいる。その原因はコミュニケーションの量と質にある。上司とのコミュニケーション量が他のメンバーと比べて少ないメンバーは、自分は期待されていないと感じやすい傾向がある。また上司が期待しているということをうまく伝えら

れていないこともあるだろう。[1]

IMAGINE

　あなたは上司から期待されていると思っていますか？　そのようなメッセージをもらったことがありますか？

　上司から期待されていると感じているメンバーは仕事に対する意欲が高まるものだ。これはピグマリオン効果[2]と呼ばれる。アメリカの教育心理学者であるロバート・ローゼンタールが提唱したもので、他者から期待をかけられると、それに応えようとする心理が働き、仕事や学習の成果が上がる現象を指している。

　ローゼンタールがサンフランシスコの小学校で行った実験がある。小学校教師に知能テストを児童に行うように指示し、「この知能テストは、今後数カ月の間に成績を伸ばす児童を知ることができるテストである」と説明した。そしてテスト実施後、無作為に選ばれた児童数名の名簿を教師に見せ、「知能テストの結果が良く、今後の成長が期待できる児童」として説明した。そうするとその後、教師たちは該当の児童に対して特に目をかけて教育を行うことになり、結果としてそれらの児童の成績が向上したというのである。教師の期待が小学生の成績を押し上げたということになる。

　つまり、マネジャーがメンバーのやる気を刺激して業績を上げたいと考えるならば、目をかけているということを態度で示し、口頭でもあわせて期待を伝えた方がよいのである。

　逆に、期待されていないと感じられる場合には反対のことが起こる。これはゴーレム効果[3]と呼ばれている。期待されていないことから「自分はダメだ」

---

1 たとえばリクルートマネジメントソリューションズ「上司・部下間コミュニケーションに関する実態調査」（2021年）など参照
2 キプロス島の王ピグマリオンが、自らが彫刻した女性の像を愛し続けたところ、その気持ちを汲み取った神が彫刻を人間に変え、ともに幸せに暮らしたというギリシャ神話に由来している
3 額の文字を消すと泥に戻ってしまう空想の巨人「ゴーレム」が由来

第5章 ● やる気を引き出す——エンパワーのマネジメント　133

と思い込み、自己肯定感が下がる。その結果パフォーマンスが下がり、また自己肯定感が低下するという悪循環に陥ってしまうのだ。

マネジャーが口に出して「期待していない」と伝えてしまったら、言われたメンバーは立ち直れないほどにやる気を失ってしまうだろう。人格否定に類することで、どんな時にも言ってはいけない禁句である。世論調査で期待していないと言われた政治家もさすがに意欲が低下するはずで、そのようなコミュニケーションが合理的だとは思わない。

では、実際にどのようにして期待を伝えればよいのであろうか。ジョブ・アサインメントの中で期待を伝える方法を例示しておこう。

[JA ⑩ストレッチ] 成長が著しいので、さらに一皮むける成長をすることを期待して、難度が高い目標にチャレンジしてもらいたい

[JA ⑫テーマアサイン] 自分自身でも答えが見えていない大事なテーマなので、経験豊富なあなたに一緒に考えてもらいたい

[JA ⑯権限委譲] ここから先は判断をお任せするので、あなたが思うようにどんどん進めてほしい。私は期待して見守っているので

[JA ⑱見守り] 遠くから温かい目で見ている（状況は理解したという態度と何も言わないで任せているという態度）

[JA ㉑リアルタイムフィードバック] いい感じに進んでいるね。期待しているよ

権限委譲のところに記述したように、仕事のアサインにおいて重要な流れは、期待して、任せて、見守るということである。このリズムを覚えて、期待を伝えられるマネジャーになってもらいたい。

IMAGINE

あなたが最近メンバーに期待を伝えた時のことを思い出してみてください。どのような言葉や態度で期待を伝えましたか？

5-2 ほめる技術

　メンバーのやる気を引き出すマネジャーの基本行動の2つ目として「ほめる」という行動を取り上げる。[4]

　一昔前までは、マネジャーはメンバーをあまりほめなかったと思う。厳しく育てるというのが標準で、甘いことを言うといい気になって成長しなくなると考える人が多かった。年配の方は自分自身があまり上司からほめられた経験がないため、自らのマネジメント行動も「ほめる」より「叱る」を中心に組み立てるようになっていた。

　しかし、人材育成のためにも、やる気を引き出すためにも、ほめるというマネジメント行動は欠かせないものである。私もあまりほめる方ではなかったが、異動してきたメンバーから「私はほめられて育つタイプなのでよろしくお願いします」というあいさつをされて、それ以来心を入れ替えて、ほめられる時にはなるべくほめるように心がけている。

IMAGINE

　あなたのこれまでの上司は、ほめるのがうまい人でしたか？　ほめられた経験を思い出してみましょう。

　有効にほめるためのポイントを整理しておこう。

　まずは人前でほめるということである。1対1でほめるよりも、皆がいる前でほめた方が効果は上がる。それは誇らしい気持ちが足されるからである。査定評価のフィードバックの時、良い仕事をしてくれたメンバーに対してはほめると思うが、それだと1対1の場に閉じて終わるので、別の機会に表彰する場や自慢話ができる場を設けて、人前で再度ほめてあげるとうれしい

---

4 反対の「叱る」方法については第10章で解説する

第5章 ● やる気を引き出す──エンパワーのマネジメント　135

気持ちが大きくなる。[JA ㉗ディスクローズ］がまさしくそれにあたるが、以下のようなアイデアが考えられる。

□上司への報告に同席させる

　上司に報告する際には本人自ら説明できるようにお膳立てする。上司が部長から役員、社長となるほど効果は高い。メンバーに対して直接おほめの言葉をもらえるようにさりげない根回しをするのもよい

□成果発表会を開く

　成果共有という名目で課内のメンバーを対象とした勉強会・成果発表会の主役にする。他者へのノウハウの波及、ナレッジマネジメントとしての意味合いもある

□社内 SNS などで良い仕事として紹介する

　リモートワークが進んでいる会社では現実的で有効な方法。こんな良い仕事をしてくれました、と紹介することで他のメンバーからの感想やいいね！などの評価が付け足されることになる

□全社・部門表彰にエントリーする

　公式の表彰機会はできる限り活用したい。いつも該当者なしではモチベートする機会を放棄してしまっていることになる。受賞できるかどうかはマネジャーの表現力次第

□広報を通じてメディアへの登場機会をつくる

　社内報に登場機会をつくる。社外広報に熱心な会社であれば、雑誌や新聞などで取り上げてもらえるように、広報部門に情報をインプットしておくこともよい

□記念品や食事などの個人的表彰を行う

　マネジャーのポケットマネーで豪華ランチに連れて行く。特別な基準を満たした仕事に対しては記念品をプレゼントするのもよい。恒例になれば、歴代対象となったメンバーのモチベーションも上がるだろう

THINK

　上記のアイデアに加えるアイデアはありますか？　あなたのオリジナルを
ひとつ考えてみてください。

　テクニカルな方法としては、人を介してほめるというやり方もある。メン
バー本人がいないところで、本人とつながりがある人に、「○○さんは本当
に良い仕事をしてくれていて、とても努力家で責任感も強いからね。ああい
うメンバーがいてくれると助かるよ」と言ったとしよう。それが後に「マネ
ジャーがあなたのことをほめていたよ。努力家で責任感が強いって。いてく
れて助かるってさ」と間接的に伝わると、直接伝える以上に効果があるもの
だ。人を介することによって言葉に重みや客観性が加わるからだろう。

　もうひとつテクニカルな方法として、ある仕事に注目が集まるように仕込
んでおくという方法がある。戦略的な仕事として特別な名称をつけて、告知
しておくのである。メンバーにアサインした仕事が本格的にスタートするタ
イミングで、その仕事がいかに注目されているかを知らせるのだが、注目さ
れていることを意識していると日々の仕事のモチベーションが上がるもの
だ。[5]

　もうひとつのポイントは、具体的にほめるということである。ただ単に「素
晴らしい成果を上げたね」とほめるよりも、どこが良かったかポイントを示
し、「関係部署から反対された時に、資料をそろえて粘り強く交渉したね」
などとほめた方が、うれしく感じるものだ。

　それは、上司がちゃんと見ていてくれたという思いが重なるからである。
権限委譲して進めてもらっていたことについて、［JA ⑰進捗把握］や［JA
⑱見守り］を通じて、口は出さないが状況は見ているというマネジメントを

---

5 これを証明するものにホーソン実験がある。作業条件が生産性に影響することを検証しようとい
　う実験だったが、実験に参加しているということがモチベーションを上げてしまい、想定してい
　た結果が出なかった

第5章 ● やる気を引き出す——エンパワーのマネジメント　137

した結果、具体的にほめるポイントが見つかる。それを伝えるので、「途中危なっかしいところもあったけれど、信頼して任せてくれたのだな」と思えて、モチベーションが上がるのである。

2つのポイントである「人前で」と「具体的に」を心がければ、ほめ方は格段にうまくなるだろう。さらにクオリティが高いほめ方をマスターしたい人には、ほめどころの多様性を使いこなすことをお勧めしたい。

□**才能をほめる**……素晴らしい技術を持っているね、とても詳しいね
□**行動をほめる**……すぐに修正したのがよかったね、着手が早かったね
□**価値観をほめる**……いつもお客さまのことを第一に考えているね
□**結果をほめる**……これほどの大型受注になるとは思わなかったよ
□**存在をほめる**……あなたがいてくれて本当に良かった

このような「ほめ分け」ができれば、上級者と言っていいのではないだろうか。

ほめることは、部下にこびることでも甘やかすことでもない。ほめることを通じて意欲を喚起し、また成長を促すことであり、すべては業績を上げるためなのである。

5-3 正当な評価によるモチベート

成果を正当に評価することによってやる気を引き出すということは、最も古典的なモチベートの方法でありながら、極めて難度が高いことでもある。

人事評価制度は主に報酬を決定するためにあるが、これはモチベーションと強い結びつきがあると考えられてきた。「期待理論」というのをご存じだろうか。1964 年に V. H. ヴルームが発表したもので、「人はある種の行動によって、自分が期待し、価値を認める代償が得られると思えば、その行動

に対するモチベーションが生まれる」というものである。

□頑張ってどれだけのことを成し遂げられたか（期待）
□成し遂げられた場合、さらに何がもたらされるか（恣意性）
□もたらされたものに、どれだけの価値があると予想されるか（誘意性）

　これをかけ合わせたものがモチベーションである。また、「達成すべき目標が明確であり（Goal）、目標達成に向けて十分な戦略が練られ（Efforts）、達成した目標の成果が魅力的であれば（Reward）、目標に向かうモチベーションが生まれる」としている。
　この考え方は、目標管理制度や人事評価制度の理論的バックボーンになっている。
　目標管理→人事評価→報酬決定を連動させることで、正当な評価を実現し、魅力的な報酬を見せることで、業績を上げることに対するモチベーションを高めようとしているのである。
　人事評価制度のプロセスにおいて、課長相当のマネジャーには、人事評価の１次評価者として評価案を考える役割があり、査定会議等で評価案の根拠を説明する役割があり、そして評価結果をメンバーにフィードバックする役割がある。とても重要な役割を担っていると言えるだろう。
　マネジャーは膨大な時間をかけて評価制度を運用しているのだが、残念ながら多くの場合うまくいっているとは思えない。人事評価に対して不満を感じる人は過半数存在すると言われているほどだ。不満に感じていない人の多くも、こんなものだろうと達観しているのであって、人事評価でモチベーションが上がったという人はむしろ少数派なのではないだろうか。
　原因には人事評価制度が持つ宿命がある。
　まず正当に評価しても、人間にはポジティブ・イリュージョン（第３章

6 V. H. ヴルーム（1932-2023）はイェール大学教授などを務めた経営学者・心理学者で、『仕事とモティベーション（Work and motivation）』などの代表的な著作がある

3-6 参照）があるため、過半数が不満に思ってしまう。いい点数を付けた人はもっと高い点数が付くと思っていたと不満に思い、低い点数が付いた人も当然に不満に思うという残念な結果になってしまう。

　数値化しやすい目標を立てると、本質的に良い仕事をした人をカバーしきれず、正当に評価できないという問題も起こる。

　また評価制度には相対評価と絶対評価があるが、人件費総額が限られていると、最終的には相対評価にしなければならないため、ある人に高い査定点を付けるならば、別の人には低い査定点を付けなければならなくなる。一方でモチベーションを上げる効果を生んだとしても、それを帳消しにするように、モチベーションを下げる人も生んでしまうということになる。

　2000年頃から一時期流行した成果主義は、働く人々からは不評で、現在は成果主義という言葉をあまり使わなくなった。人件費総額を変えずに配分だけで意欲を喚起しようとする方法は、難しいことが証明されたのである。

　制度上の問題以外に、マネジャーによる運用上の問題もある。評価は時にマネジャーに対する不信感をあおることになってしまうのだが、実際にマネジャーが陥りやすいわなには以下のようなものがある。

□マネジャー自身の価値観や特定の個人に対する思い入れ（えこひいき）によって、点数を左右してしまう

□相対評価のもとで特定の人に低い評価を付けてフィードバックする自信がないために、ほとんどの人に平均点を付けてしまう（中心化傾向）

□これまで高い点数を取り続けてきた人には高い点数を、低い点数を取り続けてきた人には低い点数を付けてしまう（ハロー効果[7]）

□高い自己評価を付けた人に対して、実際の評価点とのギャップをうまく説明できない

□低い査定点をフィードバックする時に、改善点を指摘するのではなく、そ

---

7 あるひとつの特徴について良い（もしくは悪い）印象を受けると、その人の他のすべての特徴も実際以上に高く（もしくは低く）評価してしまう現象のこと

の場を乗り切るために、持ち点などの制度のせいにしてしまう

□目標管理制度の中間面談などの機会をきちんと運用しなかったために、成
　果が低いメンバーに低い点数を付けてフィードバックした際、意外な表情
　をされてしまう

IMAGINE

　上記の項目のうち、ご自身の経験を振り返った時に思いあたるものはいく
つありますか？

　私も約30年のマネジメント経験があり、査定評価を付けてきたが、正直
思いあたるものがいくつかある。経験を積み上げることによってある程度コ
ントロールできるようになったと思うが、これらの項目は「人事評価あるあ
る」であり、すべてをなくすことは困難だろう。特に新任のマネジャーにとっ
て、メンバーが不満に思わない評価とフィードバックができるかどうかは試
金石であり、とても難しいことだと思う。

　できることは、これらの陥りやすいわなをよく認識しておくことで、メン
バーが少しでも納得できる人事評価をしようとすることである。人事評価を
補完するものとして「ほめる」行動があると考えて、取り組んでみてもらい
たい。

　評価制度には別の課題もある。それは評価・報酬によるモチベートを強く
喚起しようとして制度を運用すると、内向き人間をつくってしまうというリ
スクである。高い業績を上げて、高い評価を得て、高い報酬をもらい、早く
出世をする。これを合理的に追求しすぎると、業績や成果につながるものし
かやらないとか、上司の評価につながることばかり重視するということに
なってしまう。これでは長期的な人材育成の観点でも、優れた事業経営者を
育てることにはならないだろう。

　目標を達成することや業績を上げることには関心を払ってもらわなければ
困るが、その前に、企業としての理念や社会的責任もある。プロフェッショ

第5章 ● やる気を引き出す——エンパワーのマネジメント　141

ナルとしての職業倫理も大事だ。

　難しいバランスではあるが、人は成長するプロセスで、社内評価を離れ、プロとしてなすべきことをなすという段階が来る。自らの評価は社会が決める。かっこよく言えばそういうことだが、そのような芽も大事にしてほしいと思う。

5-4　エンパワーメント

　メンバーのやる気を高めるという観点で、ぜひ覚えておいてもらいたい言葉がある。エンパワーメントという言葉である。

　エンパワーメントは狭義には権限委譲を指すが、広義ではもともと持っている能力を十分に引き出せる環境を整えていく、という意味になる。マネジャーの仕事は管理型から配慮型に変化してきたということはすでに述べた。メンバーのやる気を高める方法も、鼻先にニンジンをぶら下げて走らせるような方法から、仕事に意欲が持てる環境を整えるかたちにシフトしていくことを考えている。

　メンバーに仕事の主導権を与え、自信を持って仕事ができるようにしていくエンパワーメントの方法について見ていこう。

　G. M. スプライツァーによれば、次の４つの認知が伴う時に内発的動機付けがなされてエンパワーされる[8]という。

①意味……自分にとって意味のある仕事だと感じられる
　⇒［JA ⑭意義説明］［JA ⑤ジョブ・クラフティング］
②有能感……難しい目標を達成した自分を有能だと感じられる
　⇒［JA ⑩ストレッチ］［JA ㉗ディスクローズ］
③自己決定……自ら起案し自分でやろうとした仕事だと感じられる

---

8 Spreitzer,Gretchen.M.（1996）, "Social structural characteristics of psychological empowerment," Academy of Management Journal Vol.39, No.2, 483-504.

⇒［JA ⑬手挙げ誘導］

④インパクト……社内・世の中に影響がある仕事だと感じられる

⇒［JA ㉙反響フィードバック］

　それぞれの項目に対応したジョブ・アサインメント項目があるように、エンパワーの要素はすでにこれまでに解説してきたことの中に含まれている。ここに［JA ⑯権限委譲］を加えれば、メンバーをエンパワーすることは十分にできるということになる。

IMAGINE

　あなたのメンバーの中に、極端に自信がない人はいませんか？

　エンパワーメントには「自信を与える」という意味もあるので、もうひとつ、その観点でマネジャーにできることを付記しておこう。

　能力が低いわけではないのに、とても自信がない人がいるものだ。自信がない人は自分の仕事範囲に壁を作る。MUST を超える仕事をしたがらないという特徴があり、自分の仕事範囲のことについて何か言われることも嫌がる。その仕事が自分の仕事かそうではないかにこだわり、はっきりしてほしいと主張することもある。

　このような特徴を示す人は「自己信頼の低い人」である。

　自己信頼とは、自分自身に対する信頼感だが、I'll be OK in the future という感覚である。「自分への信頼」「良好な人間関係」「未来への希望」が要素となっている。[9]

　自己信頼がある人は、今までに経験したことがないことでもチャレンジしてみようと考える。行動を起こせば何かいいことがあると思うからである。

---

9 詳しくは、リクルートワークス研究所「特集 1　ミドルの自己信頼が会社を救う」(「Works」110 号、2012 年)、大久保幸夫『30 歳から成長する！「基礎力」の磨き方』(PHP ビジネス新書) を参照

図5-1　自己信頼

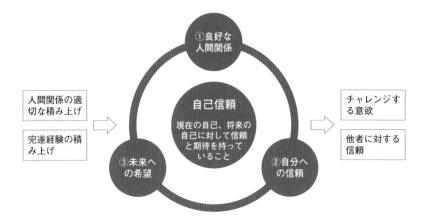

反対に自己信頼が低い人は新しいことをするのを嫌がる。そのようなことをしても何もいいことがないと思うからである。

　自己信頼が高い人は、その延長で他者を信頼することもできる。他者を信頼するということは、自分自身の他者を見る目を信頼するということにほかならない。

　自己信頼の有無が仕事において大きな分岐点になることがわかるだろう。

　それでは、自己信頼はどのようにして生まれるのだろうか。

　子どもは生まれてきた時に、親と見つめ合うことによって、自分は歓迎されて生まれてきたと理解し、自分の存在を肯定して、そこに希望を見いだすことができる。自己信頼のスタートはここにある。乳幼児の時に親から虐待を受け、親の愛情を感じられずに子どもの頃を過ごすと、長期にわたって自分自身を肯定的に受け止められなくなる。

　その後も主に対人関係、友人関係、恋愛関係、先輩・後輩関係、師弟関係などを積み上げていく中で自己信頼は高まっていく。逆に言えば、人間関係を積み上げてこないと、学業成績が良かったとしても自己信頼は低いままであることが多い。

もうひとつ、自己信頼を生み出す経験がある。それは、何かの目標を持って、最後までやり遂げた経験である。成功体験だけでなく失敗経験もあってよい。途中で放り出すのではなく最後までやり遂げたのならば、仮に失敗したとしても自己信頼にはプラスに働く。

年齢的に若い段階で自己信頼を持てることが理想だが、若手メンバーで自己信頼が持てていない人がいるならば、今からでも間に合うので、自己信頼を高められる経験をさせてあげることだ。具体的には、誰かに助けられながら、苦しみながらも大事な仕事を成し遂げる経験である。もし失敗に終わったとしても、次の機会を与えてあげればよい。

そのような機会をつくってくれる上司との出会いがあれば、自己信頼は高まるだろうし、生涯にわたって忘れえぬ上司になるのではないだろうか。

5-5 セルフ・モチベート

マネジャーは業績を上げるために、メンバーのやる気を高める（もしくはやる気を失わないようにする）ことがあるが、モチベーションを上げることは上司の責任かというと、それは違うと思う。あくまでも業績を上げる手段として意欲を喚起する必要がある時にそうするだけである。

本来仕事に対する意欲を高め維持することは、それぞれのメンバーが自分自身で行うことである。基本はセルフ・モチベートであって、マネジャーはそれに配慮したり、時にエンパワーメントの手法を使って支えたりするのだ。

日々の仕事では良いことも悪いこともある。つらい思いをすることも嫌な思いをすることもあるだろう。それでも、対価を得て仕事をする以上、やる気を失って欠勤したり、仕事上の役割を果たさなかったりすることは、個人の責任において避けなければならない。社会人としての自律の問題とも言える。

「仕事に対する意欲が低いメンバーがいるのですがどうしたらいいでしょうか？」という質問を受けることがあるが、その原因がマネジメント対象内

第5章 ● やる気を引き出す——エンパワーのマネジメント　145

であれば対処しなければならない。たとえばチーム内の人間関係が荒れていることが原因というような場合である。一方で、属人的な問題（その人の未熟さやプライベートの問題など）であれば、それはマネジメントの範疇ではない。

そのようなメンバーに対しては、期待成果を上げることを繰り返し求め、それでも達成しなければ低い査定評価を付けるしかない。そのうえで未達の原因がスキル不足であれば、学習支援や別の仕事への異動を行い、再チャレンジの機会を与えるし、意欲の問題であれば自己責任と割り切る。

マネジャーにはやるべきことが多々あるので、どこかで線引きをしなければ、マネジャー自身がバーンアウト[10]してしまうだろう。

もうひとつ、セルフ・モチベートに関してマネジャーの皆さんに知っておいてもらいたいことがある。それは、人がやる気を持って生き生きと仕事ができる条件には大きな個人差があるということである。よかれと思って行ったマネジメントが逆効果になってしまうこともあるのだ。

たとえば、「あなたが思うようにやってみて」とメンバーに言ったとしよう。マネジャーとしては自由度を持たせて、やる気を出してもらおうと配慮したのだが、人によってはそれをストレスに感じる人もいる。自己表現や工夫の余地にやりがいを見いだす人がいる一方で、秩序がしっかりとしていてルールが詳細に決まっていることをその通りにやり遂げることにやりがいを感じる人がいるのである。スケジュールが真っ黒になるくらい忙しいことにやりがいを感じる人がいる一方で、時間に余裕がないと心を失ってしまうと感じる人もいる。

このように多様性があるので、一律のモチベートをしようとしてもうまくいかないし、セルフ・モチベートに配慮しようとしても個人差を理解しないと適切な行動がとれない。

このように書くと気が重くなってしまう人がいるかもしれないが、ゲーム

---

10 バーンアウトはアメリカの精神心理学者 H. フロイデンバーガーが提唱した概念で、日本語では「燃え尽き症候群」と呼ばれる。それまで熱心に仕事をしてきた人が、突然全くやる気を失ってしまうことをいう

図5-2　生き生きと働ける条件──セルフ・チェックシート

		全く 重視しない	どちらでも ない			とても 重視する	合計点
活力実感	仕事から活力を得る	1	2	3	4	5	①
	職場では元気が出て精力的になる	1	2	3	4	5	
	仕事に没頭する	1	2	3	4	5	
	仕事に熱心に取り組む	1	2	3	4	5	／20
強みの認知	私には人にはない経験がある	1	2	3	4	5	②
	私には強みがある	1	2	3	4	5	
	私には専門的な知識がある	1	2	3	4	5	
	私らしさを表現できる	1	2	3	4	5	／20
職務満足	自分に適した仕事上の責任がある	1	2	3	4	5	③
	自分に適した仕事内容である	1	2	3	4	5	
	上司からの信任がある	1	2	3	4	5	
	会社の社会的イメージが自分が求めるものである	1	2	3	4	5	／20
有意味感	私自身をより理解するのに役立つ仕事である	1	2	3	4	5	④
	私が世の中を理解するのに役立つ仕事である	1	2	3	4	5	
	自分の仕事が人生にどのような意味をもたらすのか理解できる	1	2	3	4	5	
	自分の成長に寄与する仕事である	1	2	3	4	5	／20
オーナーシップ	仕事の進め方などについて、自己管理ができる	1	2	3	4	5	⑤
	効率的に仕事を進められる	1	2	3	4	5	
	仕事の中身や作業手順を自分が望ましいと思うように変更できる	1	2	3	4	5	
	違うやり方を学んで試したりするなど、変化し続ける	1	2	3	4	5	／20
居場所感	職場の誰かが人として気にかけてくれる	1	2	3	4	5	⑥
	職場で大切にされる	1	2	3	4	5	
	職場での自分への期待を知っている	1	2	3	4	5	
	落ち着いた気持ちで働ける	1	2	3	4	5	／20
持ち味発揮	自分の強みが活かせる仕事である	1	2	3	4	5	⑦
	自分のやりたいこととマッチした仕事である	1	2	3	4	5	
	私らしさを活かせる仕事である	1	2	3	4	5	
	専門的な知識を活かせる仕事である	1	2	3	4	5	／20
多忙感	常に忙しい	1	2	3	4	5	⑧
	一度に多くの仕事をする	1	2	3	4	5	
	誰よりもたくさん働く	1	2	3	4	5	
	どんな状況でも一生懸命働く	1	2	3	4	5	／20

感覚で、メンバーそれぞれが生き生きと働ける条件を見つけてほしい。「そうか！　この人に対するマネジメントは間違っていたのだ」という気づきがあるかもしれない。

　参考までに、生き生きと働ける条件を8つの軸で整理したセルフ・チェックシートを載せておく（図5-2）ので、活用してもらいたい。

TRY IT

　上記の生き生き働ける条件チェックをあなた自身もやってみてください。どのような時にあなたは生き生きと働けますか？

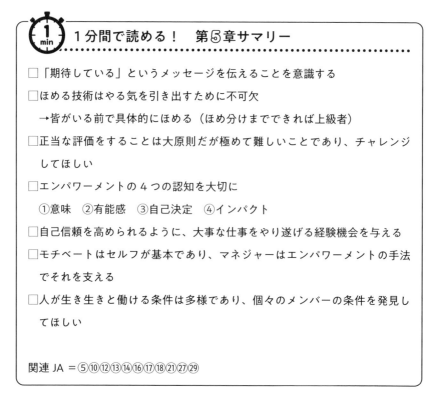

1分間で読める！　第⑤章サマリー

- □「期待している」というメッセージを伝えることを意識する
- □ ほめる技術はやる気を引き出すために不可欠
  - →皆がいる前で具体的にほめる（ほめ分けまでできれば上級者）
- □ 正当な評価をすることは大原則だが極めて難しいことであり、チャレンジしてほしい
- □ エンパワーメントの4つの認知を大切に
  - ①意味　②有能感　③自己決定　④インパクト
- □ 自己信頼を高められるように、大事な仕事をやり遂げる経験機会を与える
- □ モチベートはセルフが基本であり、マネジャーはエンパワーメントの手法でそれを支える
- □ 人が生き生きと働ける条件は多様であり、個々のメンバーの条件を発見してほしい

関連JA＝⑤⑩⑫⑬⑭⑯⑱㉑㉗㉙

第6章

効率を高める
――仕事と時間をデザインするマネジメント

6-1 労働時間は限りある資源

　第6章では、マネジメントを通じた効率・生産性の向上について考えてみたい。マネジメント次第で仕事の効率は大きく左右される。それを俯瞰的に理解し、マネジメント行動に展開できるようにすることが本章の目的である。

　マネジャーには組織の業績を上げる責任があるが、そのために権限が与えられ、資源が与えられている。権限については会社ごとに職務権限規程が整備されているはずなので、記憶にない人はそれを読んでおいてもらいたいが、課長・部長等の職位ごとに決裁できる範囲が決められている。資源については一般的に言われる「人、モノ、カネ、情報」ということになる。具体的には、組織図に記載された担当組織のメンバー、設備やシステム、予算・経費、そしてマネジャーに限定されて公開される企業の重要情報などである。

　特に、人材という資源をいかにうまく活かすかということは、業績を左右する最も大きなテーマと言ってもいいが、この資源には大きな制約がある。それは総労働時間に関する制約である。

　プレイヤーであるメンバーの総労働時間は短期業績に正比例するものなので、マネジャーは業績を上げるためにできるだけ長く働いてもらいたいと考えるかもしれないが、そうはいかないのである。労働時間が継続的に長くなれば健康を害することになり、結果として業績が上げられない状態になるが、それ以前の大前提として、法律による総労働時間の上限規制がある。働き方改革の法改正によって、1カ月あたりの残業時間は45時間までと決められている。いざとなったら残業してもらってなんとかしようという発想では立ち行かなくなるため、あらかじめ総労働時間を強く意識して仕事の総量を決めなければならなくなった。そのために［JA ③戦力分析］と［JA ④期待

---

1 大企業は2019年4月から、中小企業は2020年4月から施行された。その他年間360時間以内という残業時間の上限規制もあり、労使が合意した場合でも多様な上限規制がかけられた

150

図6-1　年間総実労働時間の推移

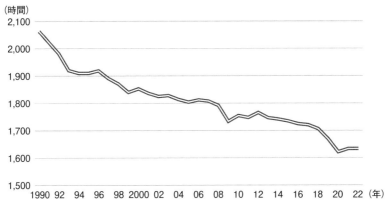

出所：厚生労働省「毎月勤労統計調査」

値調整］が不可欠になったということだ。

　古くは、予算がなくて外注できない時には、メンバー総出で分担して内部処理するという風景が見られたが、今では優先順位は完全に逆転し、外部に金銭を支払うことで処理できる仕事はなるべく外部に出して、中にいるメンバーの労働時間にゆとりを持たせることが求められるようになってきている。

　内部処理しても残業手当というコストがかかるので、経営的に考えればどちらもコストなのだが、現場で指揮をしていると、すでにいるメンバーがやる分にはノーコストのように錯覚してしまいがちである。働き方改革はそのような古い習慣を一掃したのである。

　実際の総労働時間の変化を見ても、明らかに圧縮されている。

　1人平均で年間に約400時間圧縮されているので、その分仕事を減らすか、生産性の向上によって吸収するしかない。仕事を減らしていいという経営者はほぼいないと思われるので、効率・生産性の向上施策が重要になった。

　図6-1を見ると、働き方改革関連法が施行された2019～2020年よりもっ

と前から労働時間は減少傾向にあったことがわかる。

　背景にある要因のひとつは、ワーク・ライフ・バランスの浸透である。ワーク・ライフ・バランスとは「仕事と生活の調和」という意味で、内閣府は2007年にワーク・ライフ・バランス憲章を制定し、「国民一人ひとりがやりがいや充実感を感じながら働き、仕事上の責任を果たすとともに、家庭や地域生活などにおいても、子育て期、中高年期といった人生の各段階に応じて多様な生き方が選択・実現できる社会」と定義した。

　また2008年に施行された労働契約法第3条第3項にも「労働契約は、労働者及び使用者が仕事と生活の調和にも配慮しつつ締結し、又は変更すべきものとする」というワーク・ライフ・バランス条項が盛り込まれている。

　ワーク・ライフ・バランスが日本で大きな政治テーマとなったのは、少子化対策の一環として、仕事と育児の両立を可能とする労働時間の実現が重要となったからであった。マネジャーの立場から見ると、仕事と育児の両立のために仕事量や労働時間に配慮をすべきメンバーがいるということで、これも人的資源活用の制約要件となった。

　もうひとつ、過労死問題も要因になっていると考えられる。特にメディアで大きく取り上げられたのは、2000年に最高裁で判決が下された電通過労自殺事件[2]だろう。長時間労働、厳しいノルマ、高い離職率の会社は「ブラック企業」と呼ばれ、一度その烙印を押されると、人材不足の労働市場環境において優秀な人材を集めることが困難になった。そのため、経営者はナーバスになり、長時間労働の削減やメンタルヘルス疾患への取り組みが進んでいったのである。

　そしてマネジャーは、業績を上げることと、労働時間を削減することという、相反するテーマを追いかけることになった。

2　長時間にわたる残業を恒常的に伴う業務に従事していた従業員がうつ病になり自殺した事件。最高裁判決を受けての差戻し審において、自殺した従業員の遺族に対し、会社が1億6,800万円を支払うことで和解が成立している

6-2 マネジメントは無駄な仕事を増やす危険性を持っている

　効率を高めるマネジメントを行うために、まず自らのマネジメントが無駄な仕事を増やしていないかを検証することからはじめよう。マネジメント行動は、効率を高めることに寄与することもできるが、一方で下げるリスクも想定される。人類学者デヴィッド・グレーバーは、無意味な仕事の存在（ブルシット・ジョブ）とその社会的有害性を分析して、5つに分類しているが、そのひとつにタスクマスターを挙げている。タスクマスターの代表は中間管理職で、重要な仕事なのだが同時に無駄な仕事を量産する人にもなり得ると警鐘を鳴らしているのである。[3]

IMAGINE

　グレーバーは「ブルシット・ジョブ」として、タスクマスターのほかに「取り巻き」（誰かを偉そうにみせたり、偉そうな気分を味わわせたりするためだけに存在している仕事）、「脅し屋」（雇用主のために他人を脅したり欺いたりする要素を持ち、そのことに意味が感じられない仕事）、「尻ぬぐい」（組織の中の存在してはならない欠陥を取り繕うためだけに存在している仕事）、「書類穴埋め人」（組織が実際にはやっていないことを、やっていると主張するために存在している仕事）を挙げています。

　あなたのまわりには、意味のない仕事だと思うものはありますか？　それはどのような仕事でしょうか？

　仮想ケースで、仕事がアサインされるプロセスで起こりがちなわなについて見てみよう。部長が課長に仕事の依頼をする場面で、以下のようなやり取りがあったとしよう。

3　デヴィッド・グレーバー著、酒井隆史・芳賀達彦・森田和樹訳『ブルシット・ジョブ──クソどうでもいい仕事の理論』（岩波書店）

第6章 ● 効率を高める──仕事と時間をデザインするマネジメント　153

部　長：明日の午後、社長に呼ばれているのだが、先日企画を出してもらっ
　　　　た新商品案のことだけど、原価率が少し高めになっていたよね。
　　　　ちょっと明細とか理由とか資料を用意しておいてくれるかな。

課　長：明日の午後ですね。わかりました。

・・・・・・・・・・・・・・・・・・・

課　長：急ですまないが、新商品案のことで部長が社長に呼ばれているみた
　　　　いなんだ。原価率が問題になっているみたいでね。

担当者：当初の予定よりどうしても１〜２％高くなってしまったのですが、
　　　　まずかったですかね。

課　長：部長は気にしているみたいで、理由とかもろもろ資料を用意してほ
　　　　しいとおっしゃっているんだよ。明日の午後に呼ばれているみたい
　　　　で時間がないのだけど、できるだけ詳細な原価明細と、原価を下げ
　　　　るよう指示があった場合の対応策を考えてくれないか。

担当者：検討を重ねてどうしてもあの原価率にしかならなかったので、すぐ
　　　　に改善策を出せと言われても難しいのですが。

課　長：それはわかっている。だから下げた場合に懸念される問題点も出し
　　　　てもらって、元の案で落ち着くようにしたいんだ。だから捨て案の
　　　　つもりで対応策を考えてくれないか。

担当者：わかりました。明日の朝までにレポートをまとめます。

課　長：ありがとう。それじゃ明日の午前に部長にアポイントを入れておく
　　　　から私と君とで説明に行こう。

THINK

課長の立場でこのやり取りを見た時に気になるところはありますか？
無駄な仕事が生まれる危険性の原因について考えてみましょう。

このやり取りから、無駄な仕事が生まれている懸念点はどこにあるか確認していこう。一番の問題は「明日の午後、社長に呼ばれているのだが」というところで、何の件で呼ばれているのかを確認していないことである。全く別件で、その時にもしも新商品案の話が出たら？　そして原価率について指摘されたら？　と部長が思っただけなのかもしれない。「新商品の件ですか？」「社長は新商品の原価率について何か気にされているのでしょうか？」とたずねていれば、「いや、新商品の件が出るかわからないが、一応手持ちにしておきたいので」となることも想像できる。そうならば、用意する資料も「前日ご説明した資料を一部用意しておきましょうか？」とたずねることで、プリントアウトすれば済むことかもしれないし、若干の補足説明資料を用意するだけで済むだろう。少なくとも深夜残業して改善策を練ったり、翌日時間を調整して部長に説明に行ったりする必要はなくなる。

[JA ④期待値調整]に該当するところだが、部長が求めている以上のことをよかれと思って無駄に作業してしまっている。用意する資料の「明細とか理由とか」というところでも、前回プレゼンした資料でよいかと交渉したいところだ。

そうできない理由は、一を聞いて十を知る、仕事ができる人材であると思われたいという潜在意識があるからだろう。上意下達の風土がある組織で起こりがちなことである。部長にも、細かく指示を出すよりも、信頼できる人材に対しては任せた方がいいという無用な配慮が働く。

課長と担当者間でも同じことが繰り返される。担当者は原価率を下げる案を考えることは難しいと思いながらも、その夜は関係者と連絡を取り合い、深夜残業して、課長の期待以上のレポートを仕上げようとするだろう。

翌日部長は、びっくりするようなボリュームのレポートが出てきて、とまどうことになるのである。

本当は、以下のようなやり取りでよかったのかもしれない。

部長：明日の午後、社長に呼ばれているのだが、先日企画を出してもらった

新商品案のことだけど、原価率が少し高めになっていたよね。ちょっと明細とか理由とか資料を用意しておいてくれるかな。

課長：社長と新商品の話ですか？

部長：いや別件なんだが、新商品企画の話が出るかもしれないと思ってね。

課長：それではプレゼン資料を１部用意しておけばいいですか。念のため原価明細のコピーも付けておきます。資料は明日の昼までにお届けしておけばいいですね。

部長：ああ。それで結構。新商品の件で社長から何かあったらすぐにフィードバックするよ。

　仕事がアサインされる時・する時には、確認・調整不足や上司の意を察して動こうとする態度によって、いくらでも無駄な仕事を生み出してしまう。

　さらに説明不足や仕事のサイズに関する認識のギャップによって、小さなはずの仕事を大きくしてしまうこともある。今回のケースでは、明日の午後という期限が決まっていたが、そこがはっきりしていなければさらに大事になっていたかもしれない。[JA ⑮工数・納期管理] がなされていないと、上司からのちょっとした依頼が、多数のメンバーや時には外部の人にまで手間をかける大仕事に膨らんでしまうのである。

　ここでひとつの調査結果を紹介しよう。図 6-2 は、リクルートワークス研究所が実施した「企業のムダ調査」（2023 年）の結果のうち、組織長が自組織に存在すると回答した無駄な仕事のランキングを示している。選択肢 5「とてもよくある・多い」から選択肢 1「まったくない」までの 5 段階で回答してもらい、5・4 と回答した割合を示している。

TRY IT

　調査項目を見て、あなたの組織にもある無駄をチェックしてみてください。

図6-2　組織長が自組織に存在すると回答した無駄な仕事（上位 20 項目）

順位	項目	%
1	自分は必要性は感じないが、上司や関係者が必要だと言うので実施している業務・作業	39.5
2	簡単な方法があるのに、わざわざ面倒だったり時間がかかる方法でやっている業務・作業	38.7
3	業務の関係者の能力・努力不足の穴埋めをするための業務・作業	38.2
4	システムがない・古いことで、紙でやらざるを得ない業務・作業	35.6
5	頻度や1回あたりの業務量が多過ぎる業務・作業	34.5
	付き合い仕事、付き合い残業	34.5
7	上司や関係者間の方向性や意見の不一致に対応するための業務・作業	34.3
	誰かのミスや対応遅れなどで発生する手待ち時間	34.3
9	上司や関係者からの支援が不足する中で行う業務・作業	33.9
10	不必要に細かすぎたり、必要以上に高い品質を要求される業務・作業	33.7
	ほぼ自分自身の出番はないが、念のため参加している場や、それに伴う業務・作業	33.6
12	ポイントが曖昧、長い、同じ話を繰り返すといった上司や関係者に付き合う時間	33.1
13	品質に影響がないのに、上司や関係者の志向や好き嫌いに対応するための業務・作業	31.6
14	部外者からの思い付きでのアドバイスや提案に対応するための業務・作業	29.8
15	成果や実施の目的がわからない業務・作業	29.5
16	手戻りが多い業務・作業	28.9
17	いつか利益につながる、日の目を見ると信じられているために行っている業務・作業	28.1
18	必須ではないが、付随的な得があるために行っている業務・作業（例：美味しいものを食べられる接待、マイレージを貯められる出張）	27.6
19	長時間働いて頑張っていることをアピールするための労働時間	26.4
20	自身の評価・評判を高めるためにあえて引き受けている業務・作業	25.8

出所：リクルートワークス研究所「企業のムダ調査」（2023 年）

調査結果にある無駄な仕事を類型化すると、「上司や関係者が原因の無駄」とくくれるものが一定数あることがわかる。

□**自分は必要性は感じないが、上司や関係者が必要だというので実施している業務・作業**
□**上司や関係者間の方向性や意見の不一致に対応するための業務・作業**
□**不必要に細かすぎたり、必要以上に高い品質を要求される業務・作業**
□**ポイントがあいまい、長い、同じ話を繰り返すといった上司や関係者に付き合う時間**
□**品質に影響がないのに、上司や関係者の志向や好き嫌いに対応するための業務・作業**

　上記などがそれにあたる。これらは、メンバーから見ると無駄な仕事だが、上司が関与する中で生まれているものになる。とりわけ、「上司や関係者間の方向性や意見の不一致に対応するための業務・作業」は、無駄なだけでなく、ストレスでもある。[JA ⑧下地づくり]で意見の不一致は解消しておきたい。

　なお、同じ調査では、自分で減らせる自組織の無駄があると回答した組織長は84.8％で、その回答をさらに分析すると、減らせる無駄の比率は平均で20.0％であり、無駄を最大に削減することで自分自身の労働時間を14.7％短縮できるという結果になった。

---

4 最尤法・プロマックス回転により因子分析を行い「体裁が原因のムダ」「上司や関係者が原因のムダ」「方法論が原因のムダ」「自分の成長、評価のためのムダ」の４つの因子が抽出された

6-3 マネジメントは無駄な仕事を減らす可能性を持っている

　一方で、マネジャーの行動次第で削減できる無駄もある。その代表はタスクデザインというものだ。業務の効率向上をねらった改善運動と考えてもらえればよい。[JA ⑦タスクデザイン] として、ジョブ・アサインメントの1項目にもなっている。

　まずは次ページの図6-3を見てもらおう。

　これは、内閣人事局「国家公務員のためのマネジメントテキスト」（2022.6 ver.）[5]に掲載されている業務見直しの着眼点である。公務員の業務を念頭に置いたものだが、民間企業の業務にもあてはまるものが多い。

　たとえば「廃止（やめる）」という判断は、時にはマネジャーが関係部署や上長と調整して行う重要なタスクデザインと言える。必要と考えて開始した業務でも、時間を経るうちに重要度が下がるものはある。それほど時間がかからないものでも、放っておけばチリも積もれば山となるとのたとえの通り、労働時間を圧迫してゆく。単純業務ほど下に降りていくので、若手メンバーやパート勤務者の時間を奪っていくことになる。特にスタッフ部門などは、長く続いている目的が見えなくなってきている業務が多いのではないだろうか。

　仕事はいくつかのタスク（職務）のかたまりでできている。アパレルの販売員の仕事であれば、「接客（コーディネートの提案や試着室への案内など）」「商品ディスプレイ（並べ直しや服のたたみ直しなど）」「在庫管理」「店内外の清掃」「レジ業務」などのタスクをまとめて行う人を販売員と呼んでいる。この時、仕事をいったんタスクに分解して、それぞれのタスクについて見直しを行えば効率化の道筋が見えてくる可能性がある。例として挙げるならば、

5　もともとは、業務の抜本見直し推進チームが「業務見直し　着眼点のヒント集　ver2.0」（2021年7月）としてまとめたもので、それをマネジメントテキストに掲載して広く活用を促しているもの

第6章 ● 効率を高める——仕事と時間をデザインするマネジメント　159

図6-3　業務見直しの着眼点

視点	類型	イメージ	説明	具体例
政策目的に照らしたアプローチ	廃止（やめる）	○ → ○	一定の単位の業務そのものを取りやめること。業務の目的を考え直すきっかけになるほか、新たな事業に必要なリソース配分を行うことができる。	事業の廃止
	削減（へらす）	○ → ○	業務の工程のうち、いくつかの工程を取りやめること。利用者・相手方の負担軽減だけでなく、同時に自らの業務負担の軽減につながる。	回数の削減、調査事項の削減、添付・作成書類の削減
	一元化（まとめる）	○ → ○	業務の工程のうち、複数の工程をある組織・者でまとめて処理すること。重複排除のみならず、効率的な処理に寄与することができる。	調査自体または調査項目の統合、担当者の統合、置き場所の集約、公表物の一体化
今の業務をよりよくするために	分割（わける）	○ → ○	業務の工程のうち、ある工程を複数の組織・者で分けて処理すること。単純業務の処理や高度な調査研究などで外部の能力・知見を活用できる。	アウトソーシング、業務委託、マルチロール化
	標準化（そろえる）	□△ → ◇	業務の工程について、その整理を行うこと。エンドツーエンドで業務の仕組み、関係者や課題を見える化できるほか、ノウハウ・進捗の共有も可能。	業務フロー、マニュアル、執務執行参考資料集、法規集の作成、チェックシート、業務進捗状況表、事例データベース化
	置換（おきかえる）	○ → △	業務の工程について、電子化などにより効率的なツールを置き換えること。利便性向上のほか、ミス軽減、知識・事例の蓄積にも寄与する。	書類の電子化、web会議、ポータルサイト・共有フォルダの活用、文字起こしシステム、チャット機能の活用
	自動化（はやくする）	○ → ▷	業務の工程について、ツールにより処理を機械化することで自動化や高速化すること。通常かかっていた処理を素早く処理することができる。	RPA、調査票マクロ集計、オンラインwebアンケート、各種システム化
その他	研修（まなぶ）	○ → ●	業務上の必要な知見・ノウハウの共有のほか、職員のスキルアップによる付加価値の増を図ること。	集合研修、マニュアル参照
	環境改善（とと のえる）	○ → ☺	業務を行う執務環境の向上を図ること。仕事に付随する単純作業やコミュニケーションの効率化に寄与。	オフィス改革、テレワーク、1on1ミーティング、庶務作業のマクロ活用

商品ディスプレイだけのタスクを切り出して、もっぱらそれを担当するパートタイマーに任せることで、販売員の業務量を減らす方法がある。これは図6-3の「分割（わける）」に該当するものだ。また、レジ業務に関して、新しいテクノロジーを使ったアプリを導入することで閉店後の業務を簡易化し、労働時間を圧縮する方法もある。これは「自動化（はやくする）」に該当する。

　人材を採用する際にも、すべてができる人を採用しようとすると適当な人が集まらないかもしれないが、タスクを分割して募集することで採用できたということもあるだろう。

　タスクデザインの方法を身につけると、効率化する大きな武器になるはずだ。

　タスクデザインの有効性は理解できるが、忙しくてそうしたことを考える時間がないのだが、という質問を受けることがある。これは「きこりのジレ

ンマ」そのものと言えるだろう。

ある日、旅人が森の中を歩いていると、忙しそうに斧で木を切るきこりを見つけました。その様子を見ていた旅人がこう言います。
旅人：「斧をもっと研げば、楽に木を切ることができますよ」
そうすると、きこりは答えました。
きこり：「忙しくてそんなことをしている暇はないのだよ」

　ニワトリと卵のような関係だが、忙しいとぼやく人ほど生産性改善に無頓着で、延々と長時間労働を繰り返しているものである。何に時間をつぎ込んでいるかを正確に理解して、効率化戦略を描いて実行する。これは組織の効率化とともに、マネジャー自身の労働時間を圧縮する方法としても欠かせないものである。

6-4 無駄は会議に宿る

　無駄を削除し、生産性を改善する最も有効な方法は、会議の見直しである。
　コンサルティング会社ベイン・アンド・カンパニーによって行われた「1回の会議によって起こされる波及効果」という研究によると、アメリカの大企業で、週1回の定例会議を実施するために必要な社内会議の時間は、トータルで7,000時間になるという。年間換算では約33万時間に及ぶことになり、8時間労働換算で約166人の従業員の年間労働時間に匹敵する。
　会議は無駄の宝庫なのである。たとえば以下のような会議に関する無駄を実感したことはないだろうか。

□何を目的にした会議なのか不明確なまま進んだ会議があった
□結局結論が出ずに終わった会議があった

第6章 ● 効率を高める——仕事と時間をデザインするマネジメント　161

□大半の参加者は聞いているだけで発言しない会議があった

□一番上席の参加者がほとんどひとりで発言している会議があった

□途中で議案と関係ない発言をする人がいてそこに長い時間をとられていた

□会議のための事前会議が何度も開かれていた

□会議資料の作成に膨大な時間がかかったがほとんど必要のない作業だった

□会議に参加する上司のために時間をかけて手持ち資料を作った

□誰が読んでいるかわからない議事録作成に何時間もかけた

□会議開始前に待機している無駄な時間があった

□会議に参加するために何時間もの移動時間をかけている人がいた

□上司が一日中会議に出ていて時間がとれないため、承認がとれずに仕事が
　止まった

THINK

　上記の中で、あなたが経験したことがある会議の無駄はいくつありました
か？

　マネジャーには自分自身で設定する会議があるだろう。その会議を減らす
かやり方を変えることで、すぐに生産性改善の成果を出すことができる。ま
ず次のようなことから着手してみてはどうだろうか。

□会議を必要最小限に減らす（必要な人と個別に短時間話す方法に変える）

□どうしても必要な会議については時間上限（60分以内など）を設定する

□原則オンライン会議とする

□議題と会議のゴールをあらかじめ決めて参加者に公開する

□参加者を最小限に制限する（参加しない人は後日記録動画を見る）

□会議資料は1案件1枚に制限し、前日までに配信とする

□議事録は作らず、ホワイトボードの画像撮影をそれに代える

□マネジャー自身が会議のファシリテーター研修を受ける

これだけ実行すれば劇的な効果が出るはずだ。

会議を設定することは簡単なので、何か案件があると会議に依存しがちであるし、コミュニケーションに課題があると思うと会議に頼りたくなる。しかし会議開催では本質的な解決にはならないことが多いうえに、会議の参加予定自体がスケジュールに居座って、仕事の流れを阻害してしまうことになる。

たとえばある日の15時から16時に会議が入っていたとしよう。実際にはその時間がつぶれるだけではなく、それがあるために、その時間にまたがる予定が一切入れられなくなり、他のアポイントも時間調整がしにくくなる。会議前はどうしても手待ち時間が発生してしまい、効率的に時間を活用することができなくなるのである。

この「手待ち時間」をなくすということは、効率を追求して労働時間を圧縮するのに肝となるポイントだ。

すべての仕事には本来業務以外に（業績に関係ない）周辺雑務があり、手待ち時間がある。労働時間全体を100とした時に、周辺雑務の割合は17.9、手待ち時間の割合は7.8となっている。労働時間の4分の1は無駄に費やしているということになる。[7]

図6-4は、手待ち時間が多い職種のトップ10[8]である。客待ち時間が手待ち時間になるドライバーがトップだが、この課題を解消するために、アプリを使って近隣にいるタクシーを呼ぶ方式に変わってきたのはご承知の通りである。営業職も手待ち時間や周辺雑務が多い職種なので、あなたが営業部門の管理職であれば、いかに手待ち時間・周辺雑務を減らすかを考えてみることをお勧めしたいし、その原因のひとつになる会議をいかに減らすかを考えてみるといいだろう。

---

6 会議の進行をよりよく支援するスキルのことで、多くの機関が研修を実施している
7 リクルートワークス研究所「働き方改革の進捗と評価」（Works Report 2017）
8 リクルートワークス研究所「働き方改革の進捗と評価」（Works Report 2017）

図6-4　職種別手待ち時間・周辺雑務の割合（手待ち時間 TOP10）

		手待ち時間(%)	周辺雑務(%)
	雇用者計	7.8	17.9
1	ドライバー（タクシー・ハイヤー）	32.0	8.7
2	医薬品営業（MR）	21.1	20.0
3	ドライバー（バス）	17.5	9.9
4	理容師・美容師	16.4	14.5
5	保険営業	15.1	25.1
6	不動産営業	13.9	22.5
7	ホールスタッフ（パチンコ・遊技場）	13.6	26.3
8	宿泊施設接客	12.9	16.9
9	広告・出版・マスコミプロデューサー・ディレクターなど	12.7	19.1
10	警備・守衛など	12.6	12.0

THINK

　あなたが帰る時、残業をしているメンバーに対してどのような声をかけますか？　次のAとBであればどちらに近いでしょうか？

A「頑張っているな！」と声をかけて帰る

B「まだ終わらないのか？」と声をかけて帰る

　人はこういう時、考えていることや価値観が無意識に言葉に出るものである。Aの人は、残業してでも仕事に向き合い、業績を上げようとしているメンバーを高く評価しているということがわかる。一方でBの人は、仕事は通常の勤務時間内で仕上げるべきものであり、残業するのは能力が低いからだと考えている。メンバーは、わずかな言葉の中にもマネジャーのメッセージを感じ取るので、Aのマネジャーのもとでは労働時間は長くなり、Bのマネジャーのもとでは労働時間は短くなるのである。

　それならば、もっと明確に、効率的に仕事をする人を評価すると伝えれば

よいことになる。

[JA ⑮工数・納期管理]
[JA ㉕完了確認]
[JA ㉘効率評価]

　この3つのジョブ・アサインメントをセットで実施すれば、確実にメンバーにメッセージは伝わる。

　はじめにアサインする段階で工数や納期を明確にすることは、すでに述べたように仕事のすれ違いを防ぐ効果があるが、それだけでなく、マネジャーが投入時間に関心を持っていることを伝えることになる。

　そして完了確認によって、いつ仕事が仕上がったのかを明確に確認することで「終わり」を押さえる。

　また完了後には効率よく仕事をした人を高く評価することで、マネジャーは仕事をさっさと仕上げて早く帰ることを本当に奨励しているのだと知らせることになり、メンバーは、短時間で仕上げたことをアピールして評価してもらおうという行動をとるようになるだろう。

6-5 マネジメントをシェアする

　次は角度を変えて、マネジャー自身の労働時間を抑制しつつ、マネジメントの役割を果たす方策について考えてみたい。

　それはズバリ、マネジメントを適切にシェアすることである。

　第1章でも触れたように、組織において果たすべきマネジメント機能はさまざまあるが、マネジャーがすべてを担うということではない。組織全体で役割分担して機能を果たせればよいのである。メンバーと、上司と、専門部署とシェアすることでより有効なマネジメントを実行しながら、自分の時

間にも余裕を創り出すことができる。マネジメントのうち管理的な業務については社内システムで巻き取ってもらえるものもあるはずだ。たとえば勤怠管理は、以前はマネジャーの主要な仕事だったが、現在ではシステムが自動的に労働時間を把握し、法令遵守のトレンドから外れている時は警鐘を鳴らしてくれる。管理的な業務は自動化されてきている。シェアすべきは支援や配慮に関するもので、こちらは人的に対応するしかない。

　あまり語られることがない、マネジメントをシェアする際のガイドラインをまとめておこう。

①専門部署とシェアする

　大きな企業であればさまざまなスタッフ部門があり、現場と連携をとりながら課題解決にあたるようになっている。マネジャーにとって負担の大きなテーマであるメンバーの病気に関するケアを例にとって考えてみよう。

　メンタルヘルスであれば「４つのケア」といわれる「セルフケア」「ラインによるケア」「事業場内産業保健スタッフ等によるケア」「事業場外資源によるケア」が、それぞれに機能して疾患の予防や対応を行うようになっている。マネジャーによるケアは「ラインによるケア」ということになるが、「事業場内産業保健スタッフ等によるケア」とよく連携し、役割分担してことにあたるのがよい。専門部署に産業医や保健師がいると思うので、気になることがあれば相談に行くのもいいだろう。関係を保っておけば、不安材料について情報を得ることができる。

　そしてマネジャーと産業医との役割分担は、"事例性と疾病性"という言葉で語られる。マネジャーが見るのは事例性の側面で、産業医が見るのは疾病性の側面である。事例性とは業務を推進するうえで困る具体的事実で、「就業規則を守らない」「仕事の能率が低下している」「同僚とのトラブルが多い」などがそれにあたる。マネジャーはメンバーを通じて業績を上げることが仕事なのだから、業績を上げることを求め、それに対して結果が伴わない時には原因を探り、心身の健康に原因があるとメンバーが思うのであれば、産業

医や保健師との面談を勧めればよい。医師ではないマネジャーが病名を推測で決めつけたり、病気のメンバーをおもんぱかって業績を求めることをやめてしまったり、自分だけで解決しようとして対処が遅れてしまったりすることは避けなければいけない。産業医面談の結果、産業医からマネジャーに対応策のアドバイスがなされるので、それを実行すればよいだろう。シェアの仕方や連携の仕方を理解していれば、適切にマネジメントできるのである。

心身に不調があると、仕事に集中できず、生産性が低下するものだ。これを「プレゼンティーズム（presenteeism）」という。プレゼンティーズムは「欠勤＝アブセンティーズム（absenteeism）」以上に生産性を損なうという研究もある。メンタルヘルス疾患が長く続いて本格的にうつ状態になると長期の欠勤を余儀なくされ、復職しても完全復帰ができずにプレゼンティーズムが続き、その後再発することも多い。早い段階で対応することが重要であり、連携していくことも欠かせないのである。

②上司とシェアする

マネジメントをシェアする相手には上司も含まれる。この話をすると「考えたこともなかった」という反応がある。上意下達の組織では、上司から指示されたことは自分の力でなんとかしなければならず、上司に相談してシェアを求めることは、自分が無能だと言っているようなものだと感じるらしい。

しかし上司（たとえば部長）はより大きな決裁権限を持っているので、問題に対応する際の選択肢が多い。そして課長の業績は良くも悪くも部長の業績でもあるので、問題解決にともにあたることはとても合理的なことなのだ。

たとえば、メンバーが何かの理由（本人の病気や、親が倒れたなど）で仕事ができなくなってしまい、重要な仕事に穴があきそうになった時、マネジャーは他のメンバーを集めて役割分担し、残業によって対処しようとするかもしれない。しかしそのよう方法には限界がある。今度は穴埋めに回ったメンバーが健康を害してしまうなどの2次被害が生じる可能性すらある。

対応を部長に相談してシェアすることができれば、他部署からの応援や、

予算措置をしての外部戦力の活用、仕事の優先順位やゴールの調整など、マネジャーの権限ではできないことを実行してくれるかもしれない。

それでも、自分自身で解決策を練って部長にお願いしに行くならいいが、解決策が見えていない中での報告はしたくないという人もいる。問題が起こった時、特にそれが大きな問題である時には、一刻も早く上長の耳に入れることが重要であることを忘れてはならない。これはリスク・マネジメントの観点でもある。

そもそも重要な案件は、上長とともに進めるというスタンスをとるのがよく、適切なタイミングで進捗状況を耳に入れておけば役割分担も求めやすいだろう。他者を通じて業績を上げる「他者」の中には、上司も含まれていることを忘れないようにしたい。

③メンバーとシェアする

[JA ⑨分配戦略]にあるように、担当組織で行うべき職務は戦略的に分配することを考えたい。職務の範囲にはマネジメントも含まれると考えてよい。マネジメントの根幹となる人事評価などをメンバーに任せることはできないが、多くのマネジメント行動、つまりジョブ・アサインメント項目の多くは部下に委任することもできるのである。

Span of control という言葉を聞いたことがあるだろうか。ひとりのマネジャーが直接管理できる部下の人数や業務領域のことだが、これを超えると人材育成が滞り、支援や配慮が行き届かない可能性が高まる。部下の人数の管理限界は一般に5人から8人といわれているので、それを超えるようならサブ・マネジャーのような役割の人を立て、役割を分担する必要がある。この場合、管理職としての権限を持っていないとできないことと、権限がなくてもできることの境目を意識してシェアすることが必要である。マネジメ

---

9 日本の上場企業における課長の平均管理人数は、営業部門 12.9 人、スタッフ部門 8.3 人、製造部門 42.0 人、研究開発部門 13.8 人となっている。職域によって変わるが、おおむね管理限界を超えていると言える（リクルートワークス研究所「人材マネジメント調査」〈2009 年〉）

ントスキルはマネジャーになって実際にマネジメントを行うようにならない
と獲得できないスキルだが、昇進前にサブ・マネジャーのような立場にして
マネジメントの一部を任せることは、マネジメントスキルの事前トレーニン
グになって円滑な昇進に寄与するというプラスの側面もある。

　また、プロジェクトリーダーのような立場にあるメンバーであれば、プロ
ジェクト・マネジメントの作法に従って、ジョブ・アサインメントの一部を
担ってもらうとよいだろう。マネジャーはプロジェクトリーダーの求めが
あった時に関与するようにすれば、かなりの負担軽減になるはずだ。

　新卒で配属されてきた新人や、キャリア採用で入社した新人の導入教育は、
教育担当を決めて、その人に日常のケアや指導を委任するとよい。新卒者は
マネジャーが細かいところまでフォローしようとしても逆に気を遣うので、
年齢が近い先輩社員をつけた方が相談しやすくなる。先輩社員も後輩に指導
することで成長できるので一石二鳥である。

　さらにはメンバー相互に支援し合う関係を築けば、マネジャーが手の回ら
ないところを補ってくれるだろう。すべてのメンバーに対しマネジャーが１
対１の関係で面倒を見ようとしても、手薄になるメンバーが出てきてしまう。
マネジャーの負担軽減という視点だけでなく、より良いマネジメントを行う
という点からも、マネジメントのシェアは重要なものである。

第 6 章 ● 効率を高める——仕事と時間をデザインするマネジメント　169

1分間で読める！　第⑥章サマリー

☐ メンバーの総労働時間には制約がある
　→残業で残務に対応することは困難に
　→ワーク・ライフ・バランスに対するケアも必要
☐ マネジャーは無駄な仕事を増やす危険性を持っている
　→上司との調整不足が仕事を肥大させる
☐ マネジャーは無駄な仕事を減らせる可能性も持っている
　→タスクデザインで業務を見直す
☐ 無駄は会議に宿るので、会議改革には積極的に取り組みたい
☐ 手待ち時間を減らすことが効率化のポイント
☐ マネジャーが効率を重視する姿勢を見せることで大きな変化がある
☐ マネジメント自体を、専門部署・上司・メンバーとシェアすることで、マネジャー自身の労働時間も削減することができる

関連 JA ＝ ③④⑦⑧⑨⑮㉕㉘

第7章

価値を生み出す
──人的資本経営のマネジメント

7-1 小さな改善・工夫を促すマネジメント

　第7章では、価値創造を推進するマネジメントを取り上げる。価値創造というとハードルが高いと感じるかもしれないが、どのような仕事にも、過去に作り上げたやり方を継続する部分と、技術や環境の変化に合わせて変革していかなければならない部分とがある。

　価値創造には大から小まであり、業績が高い組織はより良くするために常に小さな改善を繰り返しているものだ。そのような小さなものからイノベーションと呼ばれる大きなものまで、価値創造を推進するためにはどのようなマネジメントを心がければよいのだろうか。また企業変革をミッションとして与えられたマネジャーはどのようにマネジメントすればよいのだろうか。考えてみよう。

　根底にあるのは目標設定だ。第3章で述べたように、ムーンショット型の目標をすべてのメンバーにひとつずつ設定することからはじめてみることをお勧めしたい。どのような仕事を担当していても、より良くするための工夫はできるので、それを明確にして目標として掲げるのである。

　そして少しでも成果が上がった場合には、[JA ㉗ ディスクローズ] でほめてあげる。ここでポイントとなるのは、「少しでも」というところだ。場合によっては成果が出ていなくとも、取り組みを進めたこと自体でもよい。改善は仕事の習慣として根付くものなので、なるべく多くの人に「ちょっとしたことだったけどほめられた」という経験をしてもらうことが望ましい。それをしばらく継続していけば、組織風土として定着していく。

　逆に、改善・工夫に関する目標について、目標に掲げた成果が出なかった時にマイナス評価をしてしまうと、いつになっても習慣とはならない。「加点評価」のみであることが重要で、本来業務の評価にアドオンさせる感覚でちょうどよい。

172

IMAGINE

あなたが担当する組織で直近1年の間に行われた改善・工夫にはどのようなものがありますか？

7-2 人的資本経営への道

昨今の経営・人事トレンドになっているものに、人的資本経営がある。旗振り役の経済産業省は、人的資本経営を「人材を『資本』として捉え、その価値を最大限に引き出すことで、中長期的な企業価値向上につなげる経営のあり方」と定義している。中期的な企業価値向上に向けて、人材の持つ能力を引き出す経営と言えよう。

一人ひとりの従業員が持つ能力には多様なものがある。第4章で解説した通りだが、それらを人的資本と呼ぶところからはじまる。

より優れた人的資本を持つ人々を惹きつけて、能力を引き出し、価値を創出してもらうために、次の3つの投資をする。

①競争力がある賃金水準
②個が持つ強みに磨きをかける人材育成
③能力が発揮できるような働きやすく働きがいがある環境づくり

これらの投資が価値創造という形でリターンとなれば、人的資本経営が完成する。

私も参加した日本経済調査協議会人材委員会の報告書[1]には、人的資本経営について、「人的資本経営とは、従業員一人ひとりが思いをかなえる経営

---

1 https://www.nikkeicho.or.jp/result/jinzai/

第7章 ● 価値を生み出す——人的資本経営のマネジメント　173

図7-1　人材戦略の ABCDE パッケージ

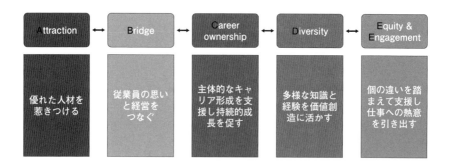

であり、人材に投資することを通じて持続的に企業価値を高める経営である」との定義が書かれている。「一人ひとりが思いをかなえる」ことが、人的資本が価値創造につながる道筋だと考えたのである。そのために人材戦略があり、価値創造のストーリーがある。

人材戦略を ABCDE の5つのポイントに整理したものが図7-1 である。

これは制度によって進める部分と、現場のマネジメントによって進められる部分とが組み合わされている。つまりマネジャーによる人的資本経営マネジメントが展開されることで、その場に集まった人々が価値創造活動をはじめるということである。

THINK

あなたはこれまで人的資本経営をどのようなものと理解していましたか？

ABCDE それぞれについて、マネジメントの視点から説明しておこう。

Attraction ＝優れた人材を惹きつける

主に採用戦略の話ではあるが、マネジメントによって離職率が大きく変化するということに注目したい。優秀な人材をリテンションすることができな

ければ、いくら優れた人材を採用しても、価値創造にはたどり着かない。

　大卒の新卒は３年で３割離職すると言われるが、若手ほど直属の上司との相性が離職に直結しやすい。上司の言動に合理的でない厳しさがある場合や、逆に優しいだけでゆるい仕事しかアサインされない場合に、この場所では成長できないと考えて離職に至る。若手にとって上司イコール会社であり、離職は上司から離れる意思決定とも言える。本書のジョブ・アサインメントで紹介するようなマネジメント行動がとれているならば、離職は明らかに抑制できるはずだ。

IMAGINE

　あなたは、メンバーが突然離職を申し出てきて驚いたことがありますか？（意外な離職は望ましくありません）

Bridge ＝従業員の思いと経営をつなぐ

　企業のパーパス・ミッション・経営戦略と、個人が持つパーパスや価値観とをつなげるということであり、第３章でも詳しく解説したことである。[JA②パーパス接続]をマネジャー自身が行うとともに、メンバーのパーパス接続を目標設定や人事異動を通じて支援できるとよい。

　メンバーに［JA⑤ジョブ・クラフティング］を求めることや、仕事をアサインする際に［JA⑭意義説明］をすることも、Bridgeに貢献するだろう。

Career ownership ＝主体的なキャリア形成を支援し持続的成長を促す

　メンバー一人ひとりが自分自身の「思い」に気づき、行動を起こせるようにするには、第４章で解説したようなキャリア支援によって、自らのキャリアにオーナーシップを持てるようにすることである。

　特にマネジャーからのアサインによって一皮むけた経験となるような機会を持つことが、不連続な成長を促し、キャリアに対する覚醒につながる。[JA⑩ストレッチ]が欠かせないところである。

第７章 ● 価値を生み出す──人的資本経営のマネジメント　175

$\boxed{\text{Diversity}}$ ＝多様な知識と経験を価値創造に活かす

　ダイバーシティ経営は 2010 年代に入って日本企業にも広く浸透したものである。人権問題が背景にあり、当初はもっぱら男女差別を解消するというジェンダー・ダイバーシティに特化していたが、顧客の多様化に合わせた従業員の多様化にも関心が集まるようになり、年齢、国籍などの多様化に関心が向けられた。

　ダイバーシティ経営の概念は進化を続け、昨今ははっきりと価値創造のためのダイバーシティとして、一人ひとりの経験の多様性や個性に目が向けられるようになってきた。これについては次節 7-3 で取り上げる。

$\boxed{\text{Equity \& Engagement}}$ ＝個の違いを踏まえて支援し仕事への熱意を引き出す

　働きやすく働きがいがある環境をつくるということである。配慮型マネジメントの要素である「環境」そのものであり、マネジメントの中核的テーマと言ってもいいだろう。

　多様性を持った個人が思いをかなえるべく行動しようとしても、力が足りない部分があるだろう。反対の壁にぶつかって意欲を失うこともあるだろう。その時にマネジャーがどのように手を差し伸べられるか。第 9 章で詳しく取り上げたい。

　Engagement に関しては第 3 章ですでに解説しているが、ワーク・エンゲージメントをユトレヒト・ワーク・エンゲージメント尺度（Utrecht Work Engagement Scale：UWES）を用いて国際比較した調査では、日本は 16 カ国中最も低い水準であることが示されている[2]。

　従業員エンゲージメントスコアと営業利益率、労働生産性の間に相関関係があるため、人的資本経営の視点からもエンゲージメントに着目する流れはさらに広がるものと考えられる。

2　島津明人『ワーク・エンゲイジメント──ポジティブ・メンタルヘルスで活力ある毎日を』（労働調査会）

従業員一人ひとりが思いをかなえるのであるから、主役は個であるが、マネジメントの支援が必要不可欠である。企業として3つの投資を約束する、その代わり従業員には価値創造に取り組んでもらう。そのような関係性が人的資本経営であり、推進役はマネジャーなのである。

7-3 コグニティブ・ダイバーシティに向けて

　Diversity の重要性について、補足しておきたい。

　これまで日本企業で展開されてきたダイバーシティ経営は、性別、国籍、年齢などの違いに注目するものであった。これを「デモグラフィック・ダイバーシティ」(demographic diversity：人口統計学的な多様性) という。「表層的ダイバーシティ」と呼ぶ人もいる。

　一方、今後求められるダイバーシティ経営は、ものの見方や考え方などの多様性を重視するもので、「コグニティブ・ダイバーシティ」(cognitive diversity：認知的な多様性) というものだ。「深層的ダイバーシティ」と呼ぶ人もいる。

　新しい価値を創造するチームには、多様な仮説が必要である。

　たとえばチームに10人のメンバーがいる時、同じような見方・考え方をする人ばかりであれば、合意形成は容易だが偏った見方しかできない。そのような状態が日常化すればチーム内の同調圧力が強くなり、エコーチェンバー現象[3]が起こる。チームに新たな見方・考え方を持つ人が入ってきても、それを排除する力が働くのである。

　逆にチームに異なる見方・考え方をする10人が集まっていて、それらの見方・考え方を結合するリーダーがいれば、さまざまなアイデアを生み出す

---

3 エコーが響いて音が部屋で共鳴して大きくなるように、同じ意見の者同士でコミュニケーションを繰り返すことで、特定のものの見方や考え方が強くなる現象

第7章 ● 価値を生み出す──人的資本経営のマネジメント　177

ことができるであろうし、リスクの洗い出しももれなくできるであろう。

　さらに、そのアイデアが多様な意見にもまれることでイノベーティブなアイデアへと昇華するかもしれない。知識や経験、能力といったいわゆるスキルの多様性は、業績にプラスの影響を及ぼすという研究も多くある。

　コグニティブ・ダイバーシティの取り組みは緒に就いたばかりだが、取締役会の多様性については、コーポレートガバナンス・コード[4]によって一歩先を行っている。取締役の多様性を担保することは、リスク回避手段としての意味もあるからだろう。同質な見方・考え方を持った人間ばかりが集まると、不合理あるいは危険な意思決定が容認される集団思考（グループ・シンク）が生まれ、誤った意思決定がなされる確率が高くなるのである。

　話をマネジメントに戻そう。多様な見方・考え方の人がそこにいるだけではバラバラのチームになり、組織力が発揮できなくなってしまうだろう。それを回避し、プラスに転じるマネジメントが不可欠になる。多様な人材がそこを自分の居場所だと感じ、自分らしさ・個性を発揮できると感じる時、価値創造が進む。人的資本経営を推進する企業では「帰属感（自分の居場所だと感じる）」や「自分らしさの発揮」などを数値化してインクルージョンスコアとして開示する企業も出てきている。

　マネジメントのポイントは大きく３つあると考える。

　第一は、異なる人々に共通性をつくることである。チームとして何を理想的な状態と設定し、何を実現したいと考えるのか。それをじっくりと話し合い、言葉にすることだ。そこに共感すれば、同じ夢を追いかける仲間としての共通性を感じることができる。見方・考え方が違うからこそ、共通性が大事になるのだ。日本国内で事業展開していた会社がグローバル展開した時に、経営理念が大いに役に立ったという話はよく聞く。

4　原則 4-11 として「取締役会は、その役割・責務を実効的に果たすための知識・経験・能力を全体としてバランス良く備え、ジェンダーや国際性、職歴、年齢の面を含む多様性と適正規模を両立させる形で構成されるべきである」と盛り込まれている

第二は、それぞれのメンバーが自らの強みを活かして貢献できるという効力感を持てるようにすることだ。人にはそれぞれに強みと弱みがあり、補完し合っている。そのことをお互いに意識しながら仕事ができるようにしていけば、おのずと自分の貢献ポイントが見えてくる。

　第三は、異なる発言をしても否定されない、恥ずかしくないと思える状態をつくることである。心理的安全性という言葉を聞いたことがあるだろう。「心理的安全性」とは、上司や同僚に異なる意見を言ったとしても人間関係が破綻したり、相手から拒絶されたりしないと感じる状態だ。1999 年にエイミー・エドモンドソン教授が提唱した概念で、Google 社が「成功する・生産性の高いチームの条件は何か」を調査した結果、圧倒的に重要なのが「心理的安全性」だったと発表している。

　心理的安全性は、マネジャーのコミュニケーションスタイルによるところが大きい。多様な意見に対して、どのような表情で聞き、どのようにリアクションするかで左右される。意見を言った時に頭ごなしに否定される経験をすると、その人は思ったことがあっても発言しなくなる。

IMAGINE

　これら3つについて、あなた自身の行動を振り返ってみてください。

　あなたは多様な見方・考え方を活かしていますか？

7-4　メンバーの価値創造を支援するスタンス

　上記3つのほかにも、マネジメント次第で価値創造・イノベーションを推進できる（もしくは阻害してしまう）ことがある。追加でポイントをいくつか紹介しよう。

　第四には、チームに自己開示しやすい状態をつくることである。意見を聞く際、その人の人となりや、家族や生活のこと、これまでの経歴、アカデミッ

第 7 章 ● 価値を生み出す——人的資本経営のマネジメント　179

ク・バックグラウンドなどがわかっていると、理解して受け入れやすくなる。プライベートな問題は強制的に開示させてはならないので、懇親などの場を設けることで開示しやすい状態をつくったり、マネジャー自身が自己開示することでメンバーが同程度の自己開示をしようと思う「自己開示の返報性」を活用して、お互いを理解し合っているチームをつくりたい。

第五に、最初から完璧を求めないことである。一つひとつを詰めて考えようとすると、新しいアイデアほど見えない部分が多いため、途中で挫折してしまう。進めていく中でわかることも多いので、なるべく全体像をイメージして、各論は後でもよいと割り切った方がよい。

第六には、一度支援すると決めてスタートした変革行動・イノベーションに対しては最後まで支援するスタンスを崩さないことである。反対者が出てきた時に、自分は反対だったのだとうそぶいたり、中立的な立場を装ったりするような「はしご外し」をしないこと。上司でありながら支援をせずに傍観者に回る「お手並み拝見」的な態度も変革を阻害する。

第七には、発案者が気づいていない側面がないかを考えて、重要な切り口が漏れていないかを問いかけるスタンスを大事にすること。[JA⑲問いかけ]が、発案者やそのチームの思考を活性化させることになるだろう。

第八に、結論を急がないこと。提案を発表する場があって、それに向けてチームメンバーが提案を詰めていくのは盛り上がるので結構なことだが、マネジャーが期限を決めてそれまでに考えろと急かせると、新しいことを考えることが楽しいことではなくつらいことになってしまう。「つらかった」という記憶は次の活動につながらない。事を急くとメンバーの主体性が失われてしまう。

いかがだろうか。

8つも並べてしまったので、これらをすべて完璧にできているというマネジャーはほぼいないだろうし、私自身もできているとはとても言えないが、大切なことなのでぜひ頭の片隅にでも置いておいてほしい。

7-5 イノベーションの物語の登場人物になる

　もう少し違った角度から、イノベーションが生まれるプロセスについて考えてみたい。

　「物語論」という研究を聞いたことがあるだろうか。

　物語論の始祖、V. プロップ[5]は、ロシアの昔話について、登場人物の果たす「役割・機能」に着目して分析した結果、それらの物語には共通する構造があることを発見した。それは 31 の機能と 7 つの行動領域であり、7 つの行動領域はそのまま、①敵対者、②贈与者、③助力者、④王女とその父親、⑤派遣者、⑥主人公、⑦偽主人公という 7 類型の登場人物となっている。この研究は過去の物語を理解するだけでなく、新たな物語の創作にも使われ、映画やゲームのシナリオのテキストにも登場する。

　以前、私が所長を務めていたリクルートワークス研究所では、この物語論のアプローチを使って、イノベーションが生み出される構造を明らかにしようという研究を行った。発行している人事専門誌「Works」に連載されていた「成功の本質」という記事で取り上げたイノベーション事例のうち、企業が主体となっている新事業・商品・サービス開発案件から 26 ケースを抽出した。

　これらのケースについて、イノベーター（＝主人公）が、そのイノベーションを生み出すまでの足跡を「登場人物（主人公＋さまざまな人物）」の関わりに絞って取材時のインタビュー記録を再分析したのである。その結果、26 の事例に共通する物語があることが確認された[6]。その登場人物を類型化したのが、以下のⒶ～Ⓗの 8 つである。

5　ウラジーミル・プロップ（1895-1970）は旧ソ連の昔話研究家。主著に『昔話の形態学』がある

6　リクルートワークス研究所「イノベーターはどこにいる？」（Works Report 2014）、豊田義博「イノベーターを生み出すのは，誰か？」（Works Review vol.9 2014 年）

第 7 章 ● 価値を生み出す──人的資本経営のマネジメント　181

Ⓐ主人公：イノベーティブな商品・サービスを生み出す中心人物。プロジェクトリーダー、主担当者

Ⓑ　師　：主人公のスタンス、マインド、知識・技術に多大な影響を及ぼす。イノベーションストーリーがスタートする前に登場している。かつての上司であるケースが多い

Ⓒ預言者：主人公の能力・資質・可能性を察知し、会社の未来につながる新たな市場創造の使命を主人公に託す。直属の上司、部門長などの「上司の上司」が該当する

Ⓓ庇護者：イノベーションの芽は、社内調整などのプロセスにおいて、いく度となくつぶされそうになる。そうした時に主人公を守る存在。担当役員や部門長が該当する

Ⓔ官　僚：自社のこれまでの実績や当面の業績、既存のシステム、知識・技術の維持を重視し、新たな試みを批判する。縦割り組織の他部署、役員ボードに多く出現する

Ⓕ君　主：過去の因習や業界の常識をくつがえすような大胆な意思決定を行い、イノベーションの道を拓く。経営者、役員が該当する

Ⓖ同　志：主人公のパートナー、部下。この中にもさまざまな役回りが存在する

Ⓗ寄贈者：イノベーションにつながる新たな知の提供や人材紹介をしてくれる

　ここには上司が「Ⓑ師」や「Ⓒ預言者」という機能を担って登場する。「Ⓑ師」は［JA ⑳個別指導］に、「Ⓒ預言者」は［JA ⑫テーマアサイン］にあてはまり、この研究結果はそのまま、上司が何をすればイノベーションが促進されるのかという結論を示していると考えられるのではないだろうか。「Ⓔ官僚」のような反対者すら必要な機能として登場する点が面白いところで、イノベーションには必ず反対する人がいる（そうでなければそもそもイノベーションではない）ものだが、マネジャーはイノベーティブな仕事をアサ

182

インする段階で［JA⑥リスク想定］して、反対勢力がつぶしにかからないように［JA㉒隠れ支援］で調整に動くことも必要だろう。

TRY IT

　あなたが過去に担当した変革的要素がある仕事を思い出して、Ⓐ～Ⓗに該当する人物が誰であったか思い出して図にしてみてください。

7-6 先取り・仕掛けで近未来について対話する

　ジョブ・アサインメントの項目でそのほかに新しい価値を生み出すマネジメントに関係するものは［JA①先取り・仕掛け］である。

　先取り・仕掛けは、第2章で触れたように「半歩先」を考えることからはじまる。この「半歩先」という感覚は、新商品開発やマーケティング戦略では重要な意味を持つ。

　仮に10年先の市場が予測できるという人がいたとしても（そんな人はいないだろうが）、それをそのまま事業化したのでは消費者はついてこない。これは「一歩先」ということであり、まだ誰も気づいていない未来になってしまうからだ。「半歩先」というのは誰もがうすうす気づいている未来で、形になっていないだけでニーズは存在している。ここに先陣を切って進めるかどうかがマーケティングの成否を分けるのである。「一歩先」は「へぇ、そんなこともあるのか」という感覚で、「半歩先」は「そうそう、そういうものがほしかったんだ」という感覚である。

　マネジャーは自組織が直面する半歩先の課題について、メンバーと一緒に議論する時間をつくるとよい。日常業務から解放された時間に、できればいつものオフィスを離れたところで、時間に余裕を持って対話をする。結論を出すとか決めるということを目的とせずに「この後こうなったらいい」とか「今期の仕事の後にはこんなことが起こるだろう」ということをイメージす

第7章 ● 価値を生み出す──人的資本経営のマネジメント　183

る時間である。これを「半歩先会議」と名付けよう。

TRY IT

あなたの担当組織でも「半歩先会議」を開催してみませんか？

「半歩先会議」で意見交換したことは、マネジャーとメンバーの心の中に残り続ける。現在の仕事に向き合っている中でも、ふと半歩先のイメージが湧いてきて、それが現在の仕事のクオリティを高めることになるかもしれないし、メンバー自身が次の目標設定の時に、半歩先会議の内容を意識して、目標項目に盛り込んで起案してくるかもしれない。

他部署や上司に話した時にも、一歩先ではなくて半歩先なので、共感を得やすいうえに、半歩先のことでまだ他部署や上司が考えていなかったことなので、先んじて提案してきた人が優位に進められるのである。

7-7 「密造酒造り」を見て見ぬふりをする

最後に、価値創造を促すマネジメントの極意をひとつ取り上げて締めとしよう。それはズバリ、「見て見ぬふりをする」ことである。

［JA ⑱見守り］のひとつの要素であるが、見ないのではなく、見守っているのだが見ていないふりをするということで、マネジメントとしてはやや高度なテクニックになる。

メンバーが公式にアサインされたミッションではなく、非公式に進めたイノベーションが大きな成功をもたらしたという例はいくつもある。アメリカの複合企業であるスリーエム（3M）ではこれを「密造酒造り（bootlegging）」と呼んでいる。たとえ上司の命令に背くことになっても、自分の信じる研究を行うために会社の設備を使ってもよいというものだ。3Mには「15％カルチャー」という不文律もある。業務時間の15％を自分の好きな研究に使っ

てよいとされており、同社の5万5000点に及ぶ膨大な商品開発のアプローチのひとつと位置づけられている。

　以下に、いくつかの有名な事例を挙げてみよう。

□スリーエムの「ポスト・イット®」
　スペンサー・シルバーが偶然発見した弱粘着性の接着剤を、アート・フライが楽譜のしおりが落ちるのを解決しようと利用したことから生まれたもの。最初は正式なプロジェクトとして認められなかったが、フライが自主的に試作品を作り、後に大ヒット商品になった

□ Google の Gmail
　Google のエンジニアであるポール・ブックハイトが「20％プロジェクト」（従業員が勤務時間の20％を自身の興味やプロジェクトに充てることを許す制度）の一環として開発を進めた。当初は社内の一部でしか利用されていなかったが、その後正式にリリースされ、大成功を収めた

□フェデックスの追跡システム
　内部のエンジニアが自主的に開発したものであり、当初は社内の実験的なプロジェクトだったが、後に顧客サービスを大幅に向上させる革新的なシステムとなり、フェデックスの競争力を高めた

　これらの開発は、プロフェッショナリズムである信念や利他の精神から生み出されたものだ。イノベーションには、当初の段階は非公式に進められ、一定のめどが立ったところで公式化されたものが少なくない。15％ルールや20％ルールという不文律によって、自由勝手に新しいものを試行していいという組織文化がある企業はいいが、そうでない多くの企業で働く人にとっては、直属の上司の寛容さだけが頼りである。

　その時間があったら本来業務に注いでほしいと思うところだが、見て見ぬ

ふりをした「密造酒」の中から、会社の将来を左右するような新商品・新技術が生まれることもあり、うまくいけば組織の中長期の業績に大きく貢献する。

　寛容さは、優秀な人材をリテンションするうえでも重要な要素である。タレントマネジメントの先進企業は、プロフェッショナリズムを持つ従業員には仕事のオーナーシップを持たせて、できるだけ好きなように仕事をさせている。自由にやらせておいた方が良い結果をもたらすと思える優秀な人材には、見て見ぬふりをする［JA ⑱見守り］が効果的なのである。

1分間で読める！　第7章サマリー

☐加点評価によって小さな改善・工夫を奨励する風土づくりをする
☐人的資本経営は従業員が思いを実現して新しい価値を生み出すことを目指す
　→制度による部分のほかにマネジメントによる運用に期待がかかる
☐人材戦略のABCDEそれぞれにマネジメントの役割がある
　Attraction＝優秀な人材のリテンションはマネジメント次第
　Bridge＝経営戦略とメンバーの思いを目標設定や人事異動を通じてつなぐ
　Career ownership＝不連続な成長を促しキャリアに対する覚醒につなげる
　Diversity＝異なる人材に共通性をつくる、強みを活かした貢献を可能にす
　　　　　　る、心理的安全性を担保する
　Equity & Engagement＝多様な人が働きやすい環境を整える
☐お互いに自己開示しやすい状態をつくる
☐最初から完璧を求めない
☐はしご外しをしない
☐結論を急がない
☐イノベーションの物語の登場人物になる
　→知識や技術を提供する「師」、ミッションを託す「預言者」、「官僚」によ
　　る邪魔を想定して調整
☐半歩先会議を開催して対話する
☐「密造酒造り」を見て見ぬふりをする

関連JA＝①②⑤⑥⑩⑫⑭⑱⑲⑳㉒㉗

第8章

テレワーク普及で求められる リモート・マネジメント

8-1 目の前からメンバーが消える

　COVID-19 の流行により、私たちの働き方は大きく変化した。その代表はテレワークの普及だろう。テレワークの歴史は古く、アメリカでは 1970 年代に交通渋滞が社会問題化するタイミングではじまっており、日本では 1980 年代にサテライト・オフィスという概念が生まれるとともにはじまっている[1]。しかし、その後普及することはなかった。情報管理上の理由もあるだろうが、主には、出勤して顔が見える状態でコミュニケーションをとることが、連携・協働して仕事を進めるうえで欠かせないと判断されたからであろう。

　そこに COVID-19 という強制的な力が働き、テレワークを導入せざるを得ない状況が生まれた。多くの人ははじめてテレワークというものを経験したことになる。緊急のことであったため、サテライト・オフィスというよりは在宅勤務型もしくはカフェ型での浸透である。

　テレワークには多くのメリットがある。通勤時間を削減できること、すき間時間に家事や育児・介護などをこなせること、仕事とプライベートの時間配分を自由に設計できること、集中して仕事ができること、などである。

　COVID-19 が落ち着いて企業によっては出勤に戻すところもあったが、実際に経験したことでわかったテレワークのメリットは、働く人々にとって手放し難いものになった。従業員の希望を受け入れるかたちで、出勤の良い部分とテレワークの良い部分を組み合わせたベストバランスを模索する企業が増えてきている。

　職種によってはテレワークが困難な仕事もあるが、2022 年の総務省「通信利用動向調査」によれば、テレワークの導入企業はそれでも 50％を超えるところまで来ている。

---

1 日本電気（NEC）が 1984 年に東京・吉祥寺にサテライト・オフィスを設置したことが話題になった

図8-1　テレワークの導入率

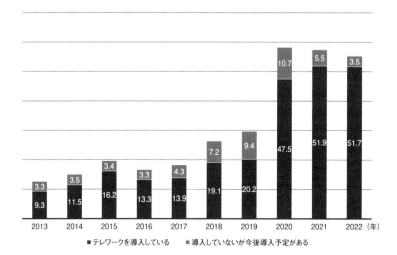

注：テレワーク導入形態は、在宅勤務91.3%、モバイルワーク27.0%、サテライト・オフィス12.9%、ワーケーション0.8%
出所：総務省「通信利用動向調査」(2022年)

IMAGINE

あなたはテレワークを経験しましたか？　あなたにとってテレワークのメリットとデメリットはどのようなことですか？

　働く人にとってテレワークを選択できることはありがたいことだが、マネジャーの立場で見るとなかなか複雑な心境ではないだろうか。「目の前からメンバーがいなくなる」という難題に取り組まなければならないからだ。目の前からメンバーが消えてみると、これまでいかに観察することや雑談をすることでメンバーの情報を収集していたかがよくわかる。
　これまでも離れた拠点のマネジメントを兼務していて、目の前にいないメンバーをマネジメントした経験がある人もいるだろうが、テレワークではオンラインでコミュニケーションをとるという要素も加わるため、すべてのマ

ネジャーにとってはじめての経験となったのである。

8-2 信頼関係が成立しているか

　テレワークはマネジメントに極めて根源的な問題を突き付けてくる。メンバーとマネジャーの間に信頼関係は成立しているか、という問題である。

　長い間一緒に働いていて、互いに考え方やパーソナリティなどを知っていれば、テレワークになったとしてもコミュニケーションには困らない。必要な時にはオンラインで声をかけることもできるし、テキストベースのやり取りであったとしても相手の人柄や日常のコミュニケーションスタイルを踏まえて読むことができる。

　逆に、一緒に仕事をするようになって間もない人や、もともとコミュニケーション量が少なかった人、もしくは人間関係がうまくいっていなかった人同士だと、テレワークになると課題が噴出してしまう。

　まずは、この問題に対処するための工夫として4つの策を紹介したい。

①入社もしくは異動して日が浅い時は出勤を中心にする

　テレワーク環境は、新しい人間関係をつくることにおいて、出勤して対面で会話することにかなわない。新入社員はもちろん、中途入社者でも、あるいは全く別の事業部門から異動してきてまだ顔と名前が一致しないような状態の時には、原則出勤にした方がよい。全社ルールで「入社3カ月以内の者は原則出勤すること」のように決まっている場合もあるが、そうでない場合は、マネジャーが個別に話をしてそのメンバーに合った方法を提示してみるとよいだろう。何かわからないことがあった時や、関連部門にお願いしたいことがある時に、人を知らないとオンラインでは誰と話していいかわからない。そのようなやりにくさが生まれないように配慮したいところだ。

THINK

テレワークはシニア層から支持率が高いようです。
それはなぜだと思いますか？

②関係性ができあがっていないメンバーとは先にじっくり話す

十分な関係性を築けていないメンバーとは、1on1 ミーティングや目標面談などの場を活用してじっくり話し込んでおいた方がいい。テレワーク環境の話でもよいし、担当してもらう仕事に関する期待や進め方などについて、今後オンライン中心のやり取りになる可能性を踏まえて話し合っておく。ぎくしゃくした関係になっている人がいれば、話をすることでズレを解消しておきたい。

③メールの返信タイミングや文章に気をつける

メンバーはマネジャーにメールを送った時にすぐに返信がないと「怒っているのかな？」「何かまずいことをしたのかな？」というような余計な想像をしてしまうものだ。多忙ですぐに返事ができない時は「今手が離せないので、後でよく読んで返信しますね」などの定型・簡易なメールを送っておくとよい。

また、口頭で返事をするのと、メールにテキストで書くのとでは印象が異なることに注意したい。メールは冷たい印象になるため、ちょっとした配慮が必要になる。口頭で「わかった」と言うのと、メールに「わかった」と一言書いてあるのとでは、メンバーの受け止め方は全く変わるだろう。ビジネス・コミュニケーションなので絵文字を使うのはなじまない。少し丁寧な文章で、意味やニュアンスが伝わるように書くことに気をつけたい。ここは文章力の有無が問われるところだ。

TRY IT

あなたがメンバーに送った送信済みメールをもう一度客観的に見直してみてください。見方によっては冷たく感じる文章や怒っているように思える文章、配慮が足りない文章など、少し言葉を補って書くべきだったメールがありませんでしたか？

④メンバーを信じる

これが最も重要で重い話になるが、究極の対処法は絶対的にメンバーを信じるということである。

たとえば、メンバーがさぼっているのではないかと疑心暗鬼になったとしたらどうだろう。頻繁にメールで進捗状況を確認しつつ、返答を求めることになってしまうかもしれない。[2]業務開始や終了時間に敏感になり、開始報告や終了報告、1日の業務内容報告などを求めたくなるかもしれない。これはもはやマイクロマネジメントであり、お互いに生産性が低下するだけである。

テレワークを認めるということは、仕事のオーナーシップをメンバーに与えるということであり、時間の使い方は任せるということである。その代わり仕事の成果についてはしっかりと評価する。つまり、さぼっても成果さえ上げてくれれば構わないという割り切りが必要なのだ。自分のペースで進めてもらうことが結果として最もよいことだという信頼があってこそ、テレワークはメリットがある働き方になるのである。

古くからの議論に、性善説か性悪説かというものがある。マグレガー[3]が唱えたX理論・Y理論というもので、X理論においては、労働者というも

---

2 欧州では「つながらない権利」が立法化されて、業務時間外にはメール等に返信しなくて構わないということが認められている

3 D. M. マグレガー（1906-1964）はアメリカの心理学者・経営学者。『企業の人間的側面』などの著作がある。1960年代のアメリカはすでに労働者の就業意識も高かったが、多くの経営者が伝統的管理論による経営を行っており、労働者の真の能力を引き出していないと主張した

のは低次の欲求に基づいて行動するものであり、管理や強制がなければさぼるものだと考える。一方のY理論では、労働者は高次の欲求に基づいて行動するものであり、仕事に喜びを見いだし、自ら進んで働くものだと考えている。現在のマネジメントがよって立つところは性善説であり、人事施策も原則として性善説を前提として設計されるようになってきていることを知っておこう。

IMAGINE

　あなた自身は、性善説に近いと思いますか？　それとも性悪説に近いと思いますか？

8-3　オンライン会議で生産性を上げる方法

　テレワークになれば会議もおのずとオンライン会議になる。マネジャーはオンライン会議の主催者となることが多いので、オンライン会議で生産性を上げるための作法について整理しておきたい。

　第6章で会議は無駄の宝庫だと述べ、会議改革の必要性について触れたが、オンラインになるとますます会議の巧拙によって生産性が左右されるようになる。オンライン会議の場合、その場所まで移動して集まってもらうとか、会議室を予約するという手間やコストがかからない分、気軽に開催することができるうえに、マネジャーはメンバーの様子が見えないと不安になるため、つい会議を増やしてしまいがちになる。しかし、テレワークの時間は集中して仕事をするための時間であり、そこに会議の予定が入ってしまうと、集中が途切れて、それだけで生産性が低下してしまう。出席を求められた会議でも、特に発言する必要がない時は画像をオフにして別の仕事（内職）をしていることもあり、ますます無駄になってしまう。あらためてオンライン会議の原則的考えを整理しておこう。

第8章 ● テレワーク普及で求められるリモート・マネジメント　195

□会議回数は最小限にして、会議よりも、必要な人と1対1、または少人数でやり取りすることを優先する

□会議に招集する人は必要最小限（できる限り10名以内）にして、会議の様子は録画や自動化機能のツールによる議事録で残し、情報共有が必要な人には後から手が空いた時に見てもらうものとする。議事録には参加者がメモなどで追記できるようにして、解釈のばらつきをなくし、会話から取り残される人を出さない

□会議時間は短く設定する（理想的には30分もしくは60分）

□マネジャー自身がオンライン会議ツールを使いこなし、機能を活かして進行を行う

□ペーパーレス会議を実行してみる。同時に会議用に作成する案件別資料は1枚か既存のものに限定し、前日中に参加者に配布して読んでから参加するというルールを試してみる

□会議参加者がひとりでもテレワークの時は、オンライン会議として設定する

□グループに分けて少人数で会話するなどの機能をうまく使いこなして、メンバーの参加機会を増やす

□カメラや照明、背景画像などにこだわり、マネジャー自身が明るく生き生きとした表情でいる

TRY IT

　オンライン会議ツールには、会議設定や連絡に関するもののほかに、録画・録音機能、チャット機能、画面共有機能、ホワイトボード機能、バーチャル背景機能などがあります。これらの機能を誰の助けも借りずに使いこなせるようになってください。

　特に大事なのは次のことである。

□**会議中は画像をオンにして参加することを、事前に作法として決めておく。**
通信環境が不安定な場合や移動中の場合を除いて、それを決まりごとにし
ておく

オンライン会議の弱点は、相手の表情を見ながら話すことがしにくいところにある。そのため画像オンは絶対条件と言える。アメリカの心理学者アルバート・メラビアンは、人と人がコミュニケーションを図る際、言語情報が7％、聴覚情報が38％、視覚情報が55％の割合で相手に影響を与えると発表した。これらの3要素がそろって発信されるから伝わるのであって、どれかが欠けたり整合的でなかったりするとコミュニケーションの質は低下してしまうのである。テレワーク導入初期には、画像オンを強制することの是非が議論になったが、はじめから会議の決まりとして準備するように伝えておけば問題ないだろう。

顔が見える状態になれば、議論を闘わせるような会議でも、オンラインで問題なく行えるはずだ。アイデア出しのような会議はオンラインでは難しいと感じる人もいるようだが、互いに信頼関係があって、顔の表情が見えるならば可能だと思う。

画像をオンにすることのメリットはもうひとつある。リモートワークでは孤独感を覚える人もいて、メンタルやフィジカルの状態を崩す人もいる。過剰労働への配慮や健康管理も重要だ。そのため、画像で様子を見て［JA㉔健康ケア］をするのである。AI（人工知能）の進化によって従業員がパソコンに向かい業務をしている表情を分析することもできるようになってきているが、それ以前に、画像を通じてメンタルヘルス疾患の初期症状を見つけることも可能なのだ。「身だしなみが悪くなった」「ぼんやりとした表情をしていることが増えた」「声のトーンや大きさが変わった」「うつむいていることが多くなった」「話しかけても反応が薄い」「ネガティブな発言が増えた」などは会議中にもわかることだろう。

TRY IT

　メンバーの健康ケアをするという目的を持ってオンライン会議に参加してみてください。

　以上のことがクリアされたら、発展的に次のことにもチャレンジしてみてほしい。

□チャット機能をフル活用する習慣をマネジャー自身もメンバーも身につけて、決められた時間内での総コミュニケーション量と発言人数を増やす

　一般的な会議だと、どうしてもマネジャーや年次が上の人ばかりが発言して終わることが多いが、若手も頭の中ではいろいろと考えている。ただ発言のタイミングがつかめないためについ言い損ねてしまうのである。議論にカットインするのは若手にとってはかなり難しい行為なので、マネジャーが振らない限り発言せずに終わってしまうことが多いだろう。ほかにも、わざわざ会議の進行を遮ってまで発言する必要はないが、有益な関連情報なので伝えておきたいということもあるはずだ。

　この時に便利なのがチャットである。話すことが得意ではない人が、チャットではとても良いアイデアを提案してくれるということもある。そのような書き込みに対しては、マネジャーが素早く反応してリアクションの書き込みをしてあげると、チャットが盛り上がる。会議を進めながら同時に対応するのが難しいならば、会議のファシリテーター役は別のメンバーにやってもらい、自分自身は俯瞰的に会議を見つめる役に徹して、チャットにまで目配りするのもいいだろう。うまくいけば、気づいていなかった新しい才能を発見する機会になるかもしれない。

8-4 モニタリングの限界

　テレワークが普及することでコミュニケーションのとり方に変化があったが、それでもマネジメントの本質は変わらない。対面の際は、マネジメントスキルが不十分でもなんとか乗り切れたが、目の前からメンバーがいなくなると、しっかりとしたマネジメントスキルが求められるようになるだけである。ジョブ・アサインメントの一つひとつを身につけていれば、何も恐れることはない。

　その中でも特に求められるのが［JA ⑯権限委譲］のスキルであろう。権限委譲から［JA ⑰進捗把握］に至るところが肝で、出勤していれば後から補足・調整が可能だが、テレワークに入ってしまうとそれができないので、スタート時点が重要になる。

　権限委譲に関しては第2章で説明した通りだが、いかにゴールイメージを共有して、これからの判断を任せるということをしっかり伝えきれるかにかかっている。スタート時の打ち合わせを綿密にしておかないと、途中でマネジャーに確認をとらなければ前に進めなくなるような事態に陥るが、テレワークでこれが発生すると手が止まってしまい、仕事のペースが狂ってしまう。マネジャーにとっては、権限委譲の巧拙を試される機会になるのだ。

　そして、モニタリング方法にも制約が出てくる。

　伝統的な報告・連絡・相談という方法はとりにくくなる。第2章でも触れたように、報連相はもともと効率が良いモニタリング方法ではないが、テレワークになると拍車がかかる。報連相のタイミングを計ることが難しくなるからである。マネジャーから見ても、報告がないと気にしなくてはいけないようでは、それこそ不信感につながってしまう。

　また、歩き回っての観察という方法もとれない。その場にいないのでこれは明白である。

　それ以外のモニタリング方法を使うことになるが、ここでのポイントは、

第8章 ● テレワーク普及で求められるリモート・マネジメント　199

できる限り二重作業を発生させないようにするということである。メンバーからすればマネジャーにレポートするために追加作業が発生するとか、情報共有時間のためにロスタイムが発生するということは極力抑えたい。

　一般的な方法として、朝会や夕会をオンライン上で行うという案もあるが、この場合、会議のところで述べたように集中力を切れさせてしまうので、慎重に考えた方がいいだろう。

　ひとつの有力な方法は、Teams のようなメッセージングアプリ上にタスクチームごとのコミュニティを設けて、マネジャーはそこでのやりとりを眺めることで進捗状況を把握するというものだ。メンバーからすれば仕事上必要なやりとりを仲間としているだけなので、追加作業は発生せず、マネジャーからすれば形式的な報告よりもむしろ実情がはっきりとわかる。原則としてマネジャーは発言せず、サイレントな状態で見るだけにしておくこと。存在感を消しておく方が、都合が良い。

　加えて、メンバーからの相談ごとや悩みごとなど、メンバーの側から必要性があってマネジャーにコンタクトしてきた時に情報収集してしまうのもいいだろう。これも新たな負荷はかからない。

　これら以外にも、KPI 等の管理データに基づく進捗把握や、頻度を上げすぎない定例会議での進捗把握など、出勤しなくてもできる方法を活用すればよい。

　ひとつだけ留意点を述べておくと、[JA ㉓軌道修正] が必要になった時は早めに動くことだ。状況が見えにくい中でリスク管理を行うことは難しく、大事に至ってしまう可能性がある。その時は、出勤を求めて対面でしっかり状況を把握して対処することをお勧めしたい。

IMAGINE

　あなたは、テレワークを頻繁に活用しているメンバーの進捗把握をどのように行っていますか？

8-5 メンバー相互の助け合いを促す

　テレワークが浸透してからマネジメントの負荷が重くなったという声を聞くことがある。やり方によって重くも軽くもなるのだが、マネジャーとメンバーが1対多で車輪のような関係になっていて、それぞれが異なる仕事をしていると、テレワーク環境ではマネジャーの負荷は重くなりやすい。マネジメントにはSpan of Controlがあり、ひとりでマネジメントできる人数には上限があるので、対面の時よりもそれがはっきり実感されるのかもしれない。

　もしもこのような負荷の重さを感じているならば、メンバー相互の助け合いが機能するようにもっていきたい。いくつかのアイデアを列記するので、参考にしながら考えてもらいたい。

□**大前提として、全員が出勤する日を大切にすること。**担当組織全員参加の会議、研修、懇親などを組むことで、メンバー間の距離を縮め、互いの仕事に対して関心を持つように仕掛ける

□誰かに手助けしてもらった時に感謝を伝える方法として「サンクスカード」などをオンライン上に用意して運用する

□プロジェクトチームやタスクチームの最終成果が出て評価する時に、プロジェクトリーダーだけを評価するのではなく、チームメンバーで貢献度が高かった人を投票等で選んで評価する。アシスタントなどのスタッフにも光を当てるとよい

□第6章6-5で述べたマネジメントのシェアを行う

□オンラインになると会議前後の雑談が減り、気軽な交流も自然発生しないため、メッセージングアプリ上に、仕事外の話題についても気軽に話せるコミュニティをつくっておく

□自由参加の勉強会を仕込み、メンバー同士が教え合う場を創り出す

第8章 ● テレワーク普及で求められるリモート・マネジメント　201

□社外のオンライン勉強会への参加を奨励し、学んだことをオンラインで報告・紹介してもらう

□メンバーの進捗状況を可視化して、前後の助け合いやピア・プレッシャー（周囲の仲間からの圧力）が機能するようにする。誰かが体調を崩して休んだ時に、周囲の人が気づいて肩代わりをしてあげるような例が想定できる。これを相互配慮のピア・プレッシャーという

IMAGINE

あなたの職場でピア・プレッシャーが機能しているケースをイメージしてください（ピア・プレッシャーには相互監視的な要素と相互配慮的な要素があります）

8-6 フルリモート企業に学ぶ

テレワークと出勤をベストバランスさせた働き方が主流になる中、すべての社員が完全リモートで働く企業も出現してきた。

例として、2014年にアメリカで設立された GitLab（ギットラブ）という会社の運営を見て参考にしよう。[4] オープンソースの管理ソフトウエアを世界各国に提供している会社である。世界67カ国で1250人の社員が全員テレワーク（リモートワーク）で働いている。この会社では、リモートワークの原理原則を示した「リモート・マニフェスト」や、従業員向けリモートワーク・マニュアル「ギットラブ・ハンドブック」などを作成し、公開している。

フルリモートを選択した理由は、事業内容との親和性もあるが、同社の採用ターゲットとする人材がいろいろな国や地域に住んでいたことが大きいよ

---

4 リクルートワークス研究所「先進企業に学ぶ、リモート・マネジメント Case2　GitLab（ギットラブ）」（2020年）

うだ。

2015年に作成された「リモート・マニフェスト」には、働き方の価値観について次の9つの原理原則が示されている。

①本社所在地だけでなく、世界中から人材を採用して世界中で働く
②決められた勤務時間よりも、柔軟な勤務時間で働く
③口頭で説明するよりも、書き記して知識を記録する
④OJTよりも、プロセスを文書で記録する
⑤情報へのアクセスを統制するのではなく、情報公開と共有をする
⑥すべての書類は、トップダウンで管理するのではなく、公開して誰でも編集できるようにする
⑦同期的なコミュニケーションよりも、非同期的なコミュニケーションを意識して行う
⑧費やした時間ではなく、仕事の成果を重視する
⑨コミュニケーションチャネルは、非公式ではなく、公式で行う

非同期的なコミュニケーションを重視すること（⑦）は重要なポイントである。GitLabの社員は世界各国に分散していて時差があるため、非同期を前提とすることは、相手と自分自身の時間を尊重することになる。他者の作業を邪魔せず、作業時間帯が異なるメンバーに時間外労働を強要しないことにつながる。これは国内のやり取りにおいても重要なポイントで、今でなくていいことは、手が空いた時にしてもらう方がよい。これは会議運営（本章8-3）でも触れた通りである。

コミュニケーションを公式化すること（⑨）は、マネジャーとメンバー、メンバーとメンバーのやり取りを導入ツール上で行うことで、会話の記録を残していくということである。残すことであいまいさを排除し、必要ならば後で確認することもできるし、直接やり取りをしていない他者も見ることができるので、メンバー相互の助け合いにも貢献する。

第8章 ● テレワーク普及で求められるリモート・マネジメント　203

GitLab は、リモートワークを成功させるコミュニケーションの活性化やカルチャー醸成の仕方、職場環境の整え方、仕事の進め方などのノウハウをまとめたフルリモートワークのためのガイド "GitLab's Guide to All-Remote" を、ウェブサイト上で公開している。この中にはマネジャー向けの心得も含まれているので、ポイントを紹介しよう。

□優れたリモート・マネジメントには自己認識力、共感力や思いやり、信頼が求められる

□マネジャーは、自身が好むコミュニケーションスタイルやメンバーからの報告・提案のされ方を開示することで、スムーズなコミュニケーションが生まれる

□オンライン上ではメンバーの表情やボディランゲージが伝わりにくいため、主体的に「調子はどう?」とたずね、状態を把握する必要がある

□メンバーがオーナーシップを持ってタスクや目標に取り組み、細かく監督されなくても自律的に行動し、期日までに成果を上げると信頼することが必要である

□メンバーに対し、タスクをスモールステップに分解し未完成の状態でも躊躇せずに共有するよう、繰り返しリマインドする

□効果的なマネジメントを維持するため、マネジャーひとりにつき、メンバー数の標準を7人(4〜10人)とする。その理由は、メンバーが3人以下になると、組織のレイヤーが増えて効率が悪化し、11人以上になると、マネジャーがメンバーと1対1で向き合う時間が足りなくなるためである

□メンバーと定期的に1on1ミーティングを行うことを推奨する。基本の形式は、1週間に1回で、1回あたりの時間は25分程度、必要に応じて回数や時間を増やす

---

5 https://handbook.gitlab.com/handbook/company/culture/all-remote/guide/

いずれもマネジメントの参考になる内容と言えるのではないだろうか。

🕐 1分間で読める！　第⑧章サマリー

☐テレワークの普及により目の前からメンバーが消えた

☐マネジャーとメンバー間の信頼関係が成立しているかが問われる

　→性善説に立ってメンバーを信じる（求める成果を上げてくれるならば仕
　　事の進め方や働き方は任せるという腹くくり）

☐メールの配慮と文章力がポイント

☐オンライン会議で生産性を上げるテクニックがある

　→会議中の画像オンは特に重要

☐報連相による進捗把握はできない

　→オンラインを活用した新しい進捗把握に挑戦を

☐メンバー相互間の助け合いを促す工夫が必要

☐非同期的なコミュニケーションを意識して行う

☐コミュニケーションは公式で行うことが効率化につながる

関連 JA ＝ ⑯⑰㉓㉔

第9章

ダイバーシティの深化で求められる配慮のマネジメント

9-1 エクイティで働きやすい環境をつくる

　企業組織のダイバーシティ化は着々と深化している。それに伴って、ダイバーシティ推進組織の名称も「ダイバーシティ推進室」から「ダイバーシティ＆インクルージョン推進室」、そしてさらに「ダイバーシティ・エクイティ＆インクルージョン（DE＆I）推進室」へと変更されてきた。もともと法律用語だった「エクイティ（Equity）」という言葉が、一般用語として広く用いられるようになり、企業組織名にまで展開してきている。

　エクイティというのがどのような感覚なのかを確認して、多様なメンバーがいる組織のマネジメントのあり方をイメージしてみたい。

　よく例として使われるのが左利きの話である。日本人のうち左利きの人の比率は約10％とされているので、少数派（マイノリティ）と言えるだろう。仮に10人の人がいて、作業用に右利きのはさみが配られたら、左利きの1人は作業しにくいため不公平だと感じるだろう。個人の違いは視野に入れず、すべての人に同じ（右利き用）はさみを与えることを平等（Equality）と言い、違いを視野に入れて、目的を達成するために左利きの人には左利き用のはさみを与えることを公平（Equity）と言う。左利き（サウスポー）はスポーツの世界では特性として有利に働くこともあり、野球などではサウスポーのピッチャーは欠かせない存在であるが、その力を活かすためにはエクイティの発想が必要なのである。

　これは、機会の平等を超えた、積極的に差別を解消する努力をした結果による公平と言えるだろう。

　性別や年齢、国籍、障がいの有無なども、ともすれば「マイノリティ」として社会の中で取り残されることがあるが、それを積極的に強みにできる組織であれば、それは競争力がある組織と考えるべきだ。

　ダイバーシティ・エクイティ＆インクルージョン（DE＆I）推進室は、制度面や風土面でのエクイティを促進し、マネジャーはマイノリティの気持

ちに寄り添うことでエクイティを促進する。これが繰り返し述べてきている配慮型のマネジメントということである。

IMAGINE

　左利きの例のように、誰にでもマジョリティではない部分があると思います。社会制度はマジョリティを念頭に置いてつくられることが多いのですが、あなたがマイノリティとして不便を感じることは何かありますか？

　マイノリティの気持ちに寄り添うと書いたが、読者であるマネジャーの皆さんは、実際に一人ひとりの違いを踏まえて働きやすい環境をつくることはとても難しいことだと感じるかもしれない。

　確かに簡単ではない課題である。経済産業省が運営していた「ダイバーシティ経営企業100選」[1]で、過去に100選に選ばれた企業に対してアンケート調査を行ったことがある。ダイバーシティ経営推進上の残された課題は何かという質問をしたところ、以下のような結果になった（複数回答）。

多様な人材に対するマネジメントスキル不足　45.4%

中間管理職の意識問題　33.3%

評価制度の未整備　19.4%

組織風土のギャップ　16.7%

女性社員自身の意識問題　16.7%

長時間労働　14.8%

働き方の選択肢不足　13.9%

外部環境　10.2%

経営者の意識問題　8.3%

一般社員のスキル向上のサポート不足　8.3%

1　2012年度から2020年度まで実施していた表彰制度で、「ダイバーシティ経営企業100選」「新・ダイバーシティ経営企業100選」「100選プライム」として先進企業を選んでいた。筆者も運営委員を務めていた

100選受賞企業が対象のアンケートなので回答しているのはダイバーシティ先進企業だが、課題のトップにマネジメントスキル不足が挙がり、次に中間管理職の意識が残された課題として挙げられている。

それだけ多様な人材のマネジメントは難度が高いということだろう。しかし、私はマネジメントを2つのステップに分けて考えることで、多くのマネジャーが多様な人材に寄り添うことができると考えている。それを示すために、図9-1を見てもらいたい。

これはマネジャー対象の調査で、多様なメンバーのマネジメント経験とストレスについてたずねたものだ。定年後再雇用（いわゆるシニア）、非正規社員、仕事と育児の両立、メンタルヘルス疾患などを抱える部下は、すでに多くのマネジャーがメンバーに持った経験がある。今後は外国籍の部下や仕事と介護の両立を抱える部下なども増えてくることだろう。

中でも、多くのマネジャーが難しいと感じてストレスを抱えているのが、定年後再雇用やメンタルヘルス疾患、経験率は低いが大人の発達障害などの傾向がある部下のマネジメントである。

いずれの対象者も「職務の設計・割り当て」「業務上の指示・命令」が共通した難しいポイントになっている。個別の部分にも「仕事の進捗状況の把握」があるが、これらはいずれもジョブ・アサインメントそのものであることに気づいただろうか。つまり、本書で解説しているジョブ・アサインメント技法を習得することで、多様な人材のマネジメントについてもベースの部分はできるようになると考えてよいだろう。

もちろんそれだけでは完全でなく、個別に難しいポイントが残るが、こちらは対象者別のマネジメントの勘所をこれから紹介するので、実践で試してみてもらいたい。

それらが組み合わされば、あとは場数を踏むだけである。

TRY IT

あなたもこの調査の回答者になったつもりで「マネジメントを行ったこと

図9-1　多様なメンバーのマネジメント経験とストレス

	マネジメントを行ったことがある (%)	ストレスを感じた (%)	マネジメントで困難に感じるポイント（共通）	マネジメントで困難に感じるポイント（個別）
定年後再雇用されている部下	44.6	52.7		●人事評価やフィードバック
非正規社員の部下	66.2	29.5		●能力開発やキャリア支援
妊娠中、もしくは育児と仕事を両立している部下	53.0	39.9		●一般的知識の不足
自ら家族を介護している部下	22.4	37.7		●職場の人間関係やチームワーク醸成
外国籍の部下	13.8	40.1	●職務の設計・割り当て ●業務上の指示・命令	●職場の人間関係やチームワーク醸成
メンタルヘルスに疾患があると診断されている部下	43.8	74.3		●職場の人間関係やチームワーク醸成
障がい者の部下	16.2	48.6		●能力開発やキャリア支援
大人の発達障害もしくはその傾向がある部下	15.3	74.9		●仕事の進捗状況の把握
性的少数者であることを表明している部下	2.1	37.8		●個人的事情のヒアリング

注：ストレスを感じた（%）は「いつも感じていた」「しばしば感じていた」「少し感じていた」の合計
出所：リクルートワークス研究所「マネジメント行動に関する調査」（2017年、2019年）

がある」か、「ストレスを感じた」か、「マネジメントで困難に感じるポイント」が何であったか回答してください。

9-2　アンコンシャス・バイアスを知る

　個別のポイント解説に入る前に、ひとつ注意点をお伝えしておきたい。それは自分自身の中にあるアンコンシャス・バイアス（無意識の偏見＝ものの見方やとらえ方のゆがみや偏り：unconscious bias）を認識しておくということである。

　アンコンシャス・バイアスが注目を浴びるようになったのは、米Google社が、従業員から人種や性別について偏見があると指摘されたことがきっか

第9章 ● ダイバーシティの深化で求められる配慮のマネジメント　211

けである。Google 社はこれを受けて、2013 年からアンコンシャス・バイアス研修を実施している。日本企業でもアンコンシャス・バイアスをテーマにした研修が広く導入されているので、そのような研修に参加したことがある人もいるだろう。

多様な人材のマネジメントと関係するものとして、典型的な2つを紹介しよう。

例：A　| 女性ならではの細やかな感性を活かして
　　　　 活躍してくれることを期待しています |

| 思い込みにより活躍のあり方をパターン化してしまい
それ以外の活躍を暗に否定している |

例：B　| 女性は出産で辞めてしまうから
　　　　 リーダー研修の対象にするのはやめておこう |

| 差を過大評価してしまうことで
個人特性を見えにくくしてしまう |

Aの例は「ステレオタイプ」と呼ばれるものである。名付け親はピュリッツァー賞を2度受賞したアメリカのジャーナリストであるウォルター・リップマンだ。彼は著書『世論』の中で、私たちがある種の固定観念や思い込みを持つことで、対象物のイメージが固定され、その印象や評価が左右されることを「ステレオタイプ」と名付けた。「人々が正しい理解と判断を下し、民主主義の基本である自己統制を可能とするためには、ステレオタイプ的な思考による粗雑なニュースに惑わされてはいけない」と警鐘を鳴らしている。[2] 後に国際人権法に関するジョグジャカルタ原則は、ステレオタイプを

---

2 W. リップマン著、掛川トミ子訳『世論』（岩波文庫）

偏見と差別の要因として取り上げ、撤廃するように求めた。

「女性ならではの細やかな感性で」というのは今でも時々耳にする言葉だが、細やかな感性の男性もいるし、豪放磊落な女性もいることは、考えればわかることだ。

Ｂの例は「統計的差別」と呼ばれるものである。ノーベル経済学賞を受賞したケネス・アローとエドムンド・フェルプスによって理論化された。不完全な情報しか持っていない場合に、統計的に合理的に判断しようとした結果として不平等が生じるというものである。採用選考における学歴差別は統計的差別の典型である。

確かに平均勤続年数は日本では男性よりも女性の方が短いが、男性でも早期離職する人はいくらでもいる。個人差だということは冷静に考えればわかることだろう。

これらのアンコンシャス・バイアスには、合理的な部分もある。人間の意思決定の多くは取り巻く複雑な状況を単純化して対処する“ヒューリスティック”と呼ばれるメカニズムによって行われている。つまり高速思考のためにアンコンシャス・バイアスは生成されてしまうので、企業経営者や幹部のように日々高速思考を繰り返している人は無意識の偏見が身近にあると言えるのである。

無意識の偏見を避けるには、自分自身がアンコンシャス・バイアスを持っていると認め、そのうえでステレオタイプや統計的差別に陥らないよう、一人ひとりのメンバーをよく知り、その人の個性を見つめることが必要である。

THINK

ここで挙げた例のほかに、バイアスにあたるもので知っているものはありますか？[3]

---

3 あらかじめ抱いていた仮説や先入観に合致したデータだけを求める「確証バイアス」や、後で知ったことに基づいて、過去の時点での自分の知識を過大に評価する「後知恵バイアス」などがある

第9章 ● ダイバーシティの深化で求められる配慮のマネジメント　213

9-3 女性リーダーの輩出

　ここからは対象ごとにマネジメントの勘所を確認していくことにしよう。まずは、将来幹部へと成長していくポテンシャルがある女性をメンバーに持った時のマネジメントポイントである。女性管理職目標を設定している会社や、役員までのリーダーシップ・パイプラインを設定している会社も多くなってきた。優秀な女性幹部を社内から輩出していくためには、直属の上司であるマネジャーの支援が必要不可欠である。

　第一に挙げたいのが、早い段階でリーダー経験を積ませることである。管理職候補になるよりもっとずっと早い段階で、プロジェクトリーダーやチームリーダーなどの役をアサインする。アサインされた女性メンバーからすれば、背伸びしなければこなせない［JA ⑩ストレッチ］である。

　いきなりリーダーに任命されてもすぐに良い成果を上げられるかどうかはわからないが、力不足の部分はマネジャーが［JA ㉒隠れ支援］すると覚悟を決めて任用してみてもらいたい。

　年齢を重ねて管理職昇進年齢になってから急に「管理職を目指せ」と言われても、心の準備もできないし、そのようなキャリア観もできていないものだ。女性は管理職になりたがらないとか、女性にはリーダーは無理だというような差別的発言をどこかで耳にしていると、潜在能力や潜在志向を持っていた女性でも、いずれ「私には管理職は向いていない」「私は管理職になりたいわけではない」と、本当に管理職志向がなくなってしまう。これを「予言の自己成就[4]」という。

　そうなる前に、早めにリーダーとしての機会を与えることで、他の人を動かしながら仕事の成果を上げることの楽しさを覚え、キャリア観を形成して

---

4 アメリカの社会学者ロバート・マートンが提唱した概念。根拠のない噂や思い込みであっても、人々がその状況が起こりそうだと考えて行動することで、事実ではなかったはずの状況が本当に実現してしまうこと

もらうように支援するとよいだろう。

第二のポイントは、出産前後のキャリア支援である。

子どもができて子育てを想像する時、今後のキャリアについて悩まない人はいないのではないか。仕事を続けていきたいという思いと、育児しながら仕事をするのは大変だという思いが交錯する。そういう時に、上司や配偶者の一言は大きな影響を与えることになる。

基本的には本人の意思を尊重することが大事であり、よかれと思って楽な部署への異動を提案することや、安易にスペシャリスト的な役割を期待したりしないことだ。将来幹部になるかもしれない女性をつぶしてしまうことになる。

これまで担当してきた仕事をともに振り返り、これからのキャリアについて、ささやかなアドバイスをするのもいいだろう。一人ひとりの個性を見て、その人に合った近未来にどのような選択肢があるのかを伝えてあげたい。キャリア面談の定期的な機会があればそれを大事にして［JA㉛キャリア支援］を的確に行ってもらいたい。くれぐれも、「他の女性のロールモデルになってほしい」というような紋切り型の期待で済まさない方がいい。

第三のポイントは、仕事と育児の両立を支援するための時間的配慮である。第6章で見たように、仕事時間には無駄が多く入り込んでいる。両立している女性は時間を惜しんで仕事をしている。冗長な時間に付き合わせてはいけないし、子どもを迎えに行かなければならない時間に大事な打ち合わせを入れてもいけない。そのような配慮をマネジャーはできるはずである。

次ページの図9-2にあるように、働くマザーは男性と異なり、仕事と生活の両方のいら立ちを抱えているものだ。過剰なストレスは、心身の健康を害したり、バーンアウト（燃え尽き症候群）を引き起こす。

第四は、マネジャーが将来有望な女性たちのスポンサーになることである。スポンサーとは「引き立てたり機会を与えたりする上司」という意味である。キャリアに直接影響を与える「任用・登用」の権限を持った上司がスポンサーシップを発揮することで、女性リーダー候補の活躍が促進される。

第9章 ● ダイバーシティの深化で求められる配慮のマネジメント　215

図9-2 仕事と育児を両立する働くマザーが抱えるストレス

（右は比較のために働くファーザーのストレスを示した）

働くマザー	日常のいら立ち事のストレス TOP10		働くファーザー
ワークストレスとライフストレスが混合化	職場内でのいじめ・いやがらせ	1	自分に合っていない仕事内容	TOP10はすべてワークストレス
	仕事の成果を正当に評価されない	2	拘束時間が長い	
	自分に合っていない仕事内容	3	自分の仕事を代わりにできる人がいない	
	顧客からのクレーム	4	顧客からのクレーム	
	配偶者の性格や態度	5	通常勤務時間内に処理できない仕事	
	上司との折り合い	6	目標達成のプレッシャー	
	配偶者の家事への非協力	7	仕事の成果を正当に評価されない	
	急な休みがとりにくい	8	上司との折り合い	
	保護者会やPTAなどの活動	9	仕事が少ない	
	親族や親戚との付き合い 他	10	体にきつい仕事 他	

■ワークストレス　■ライフストレス

出所：リクルートワークス研究所「働くマザーのストレス調査」

　これまで多くの女性役員・幹部に取材する機会があったが、スポンサー的存在がいたという人が多かった印象がある。

　あなたが課長相当職であれば、まだ十分なスポンサーシップを発揮する権限を持っていないかもしれないが、これから部長・役員と昇進していく中で、見込みのある女性社員を引き立てたり、機会を与えたりすることがあるだろう。

　スポンサーと近いものにメンターがある。メンターは現在の直属の上司ではないが、その女性のこれまでの活躍を見ていた人で、応援し、アドバイスをしてくれる人である。会社によっては、メンター制度をつくり、公式にメンターを決めているところもあるだろう。しかし、重要なのはメンターよりもスポンサーだと考える。また公式にやるものでもなく、非公式に発生する関係の方が実際には機能するのではないかと思う。

::::::::::
IMAGINE
::::::::::

（女性マネジャーの皆さんへ）

あなたにはスポンサーという言葉で思い浮かぶ社内の上席者がいますか？

9-4 年長者の経験を活かす

　次に、自分よりも年齢が上の人、とりわけ定年年齢を迎えた後に継続雇用
されたシニア社員の経験を活かすマネジメントについて整理しよう。

　団塊ジュニア世代が定年年齢に達してくることや、高年齢者雇用安定法の
度重なる改正でシニア層の雇用促進が図られたことで、職場に占める高年齢
層の割合が高くなってきた。定年後再雇用のメンバーを持った経験は
44.6％だったが（図9-1）、これからはすべてのマネジャーが60歳以上の
年上のメンバーを持つようになるだろう。

　その一方で、年長者の意欲を喚起するようなマネジメントができていない
というマネジャーは多く、ストレスを感じたことがあるとの回答が52.7％
に上ることがそれを示している（図9-1）。人は年齢を重ねるほど個性によ
るばらつきが大きくなるので、60歳以上の人をひとくくりにすることはで
きないが、それでもいくつかのマネジメントポイントはある。

　第一に、「頼る」リーダーシップの発揮をお勧めしたい。

　シニア層には仕事に全力で取り組むことに対する躊躇がある。若い人に任
せるべきで自分があまり出しゃばってはいけないという遠慮と、定年後再雇
用で安い給与で働いているので、そこまでできないという不満が背景にある。

　しかし、会社に残った人なので会社や仲間に対する愛着はあり、頼られて
期待されれば、頑張ってみようという気持ちもあるものだ。

　自分よりも年上で、場合によっては元上司にあたる立場にあった人であれ
ば、ここは思い切って頼って甘えてしまうのもよいのではないだろうか。リー

第9章 ● ダイバーシティの深化で求められる配慮のマネジメント　217

ダーシップは、状況に対応して発揮するものなので、新人や若手が相手であれば指示型のリーダーシップを発揮しなければならないが、シニア対象であれば、委任を超えて「頼る」「甘える」ことで一緒に成果を上げるリーダーシップを発揮する方法もあるだろう。

[JA ⑫テーマアサイン] で解説したように、マネジャー自身が抱える組織課題の解決をシニア・メンバーに相談して、ともに解決してもらえるように巻き込んでいくスタイルを身につけたい。

THINK

頼れるシニア・メンバーがいたら、あなたならどのような問題を一緒に解決してくれるように頼みますか？

第二には、シニア・メンバーがこれまでやってきた仕事や価値観をよく聞いて、その人の持つ力量や志向に合った仕事・役割をアサインすることである。一種の [JA ⑪最適マッチング] と考えていいだろう。

第4章4-2でエリクソンのライフサイクル論を紹介したが、老年期は「自己統合 VS 絶望」となっている。自己統合は、これまでの人生のさまざまな経験が結びつき、良い人生であったと思える心理を示すが、これを職業キャリアにあてはめると、「これまで経験してきたことは無駄ではなかった」と実感できることだと私は理解している。今までの経験が役立つ仕事をして、その結果として他者に喜ばれるのは、これまでのキャリアを肯定することである。逆にこれまで積み上げてきた経験や技術が全く役に立たない、意味がないものだと思ったならば、絶望するだろう。

だからこそ、シニア・メンバーに対する仕事のアサインは、これまでの経験・技術に期待するものにしたい。

---

5 K. ブランチャードらは『1分間リーダーシップ』の中で、部下の発達度と援助型・指示型行動を組み合わせて、「指示型」「コーチ型」「援助型」「委任型」という4つの状況に対応したリーダーシップスタイルを示した

さらに、定年を超えてはじめて強くなる価値観がある。それは「役立つ」ということである。社会に役立つ、顧客に役立つ、仲間に役立つなど、誰のために役立つかは幅広いが、役立っているという実感を持てると自己肯定感につながっていく。そのような価値観に合う仕事をアサインすることができれば、遠慮や不満を忘れて意欲的に仕事をしてくれるのではないだろうか。

第三は、若年者との協働や補完関係を意識したチームづくりをすることである。補完関係が成り立つチーム作りをすることは配慮型マネジメントの大切な要素だ。

この話をする時に、私はいつも、以前に聞いた北欧のスーパーマーケットの話を思い出す。一度経営不振で倒産したあるスーパーが、若者と高齢者だけを雇用して再スタートを切った。理由は賃金の安さだったのだが、実際にスタートしてみると、若者は商品の展示などを受け持ち、高齢者は顧客の案内やクレーム対応を受け持った。お互いの強みを活かし、不得手なところは補い合った。結果として、顧客満足度は上がり、雇用した従業員は定着し、見事に再生したというのである。

日本ではこんな話も聞いた。ある大企業の子会社で、そこには本社から転籍してきたシニアが多くいた。当初はプロパーの若手社員との関係が良くなかったが、シニアと若手がペアとなり2人でひとつの顧客を担当するようにチームをつくると、経営者と信頼関係を築くところはシニアが行い、若手はプレゼン用のファイルや画像を作成するようになって業績が上がったという。シニアと若手はお互いの良い部分に敬意を払うようになり、関係性が大きく改善したということだった。

シニアに活躍を求めるという時に、ついシニアだけのことを考えてしまいがちだが、チームで考えてみることが素晴らしいアイデアにつながるかもしれない。

第四に、目標管理や評価フィードバックを時間をかけて丁寧に行うという

---

6 福島さやか「高齢者の就労ニーズ分析——高齢期における就労形態の探索」（Works Review vol.1 2006 年）

ことである。

おそらく多くのマネジャーは、目標管理や評価に関する面談について、シニアよりも若手のメンバーの方に対して丁寧に行っているのではないだろうか。査定結果のフィードバックも「お疲れさまでした。いつも通りこんな感じで」と言って終わらせているのではないか。

シニアについては、何を期待しているかをきちんと説明することや、どこを評価して、どこが物足りなかったのかを説明することに大きな意味がある。

定年後再雇用だと、遠慮がちにやる、そこそこやる、が基本スタンスになりやすいので、期待されている実感が持てないと力が入らないものだ。相談されて、自分の意見も取り入れられて、話し込んでこそ意欲が湧く。

その結果についても「できて当たり前」というスタンスでスルーされると歓びを感じられない。人は何歳になってもほめられることや感謝されることが好きなので、良い仕事については評価し敬意を表すことだ。「大先輩に対して自分がほめるなんておこがましい」と考える必要はない。

TRY IT

あなたのチームに年上の人（60歳以上に限らず）がいたら、その人の良いと思うところを意図的に「すごい！」と口に出して言ってみてください。関係性が変わるかもしれません。

日本には定年制があり、高齢期の就業機会を法律で創出してきたために、シニアの評価・処遇はかなりいびつになっている。これまで管理職として高く処遇されてきた人が、役職定年で肩書を奪われ、定年前の6～7割の報酬で働かされれば、モチベーションが下がるのは当然である。その結果、能力や経験をフルには活かしていないというのは、とてももったいないことだと考える。

年長者のマネジメントに苦手意識を持っている人は、ここに掲げた4つのことからはじめて、シニア層との協働関係を築いていただきたい。

9-5 外国籍のメンバーとのコミュニケーション

　日本企業のグローバル展開が進んできたことやCOVID-19後にインバウンド（訪日外国人）が拡大したことで、外国人と働く機会が増えてきている。

　厚生労働省の「外国人雇用状況」によれば、2012年に68.2万人だった外国人雇用者は、コロナ期間には停滞したものの、その後再び増えはじめ、2022年には182.3万人となっている。この10年で2.6倍に増えたことになり、労働者全体に占める割合も2.7％にまでなっている。現在のところ、サービス業、宿泊・飲食業、製造業に偏っているが、今後幅広い職域で外国籍の人材が活躍するようになってくるだろう。

　ここではダイバーシティ・エクイティ＆インクルージョンの一環として、日本国内で働く外国籍の人材のマネジメントについてポイントをまとめておく。

　第一に、安易な日本人化を避けるということである。

　外国人顧客を対象としたビジネスが広がるにつれて、それぞれの国の志向・価値観を理解する重要性が増してきている。外国人顧客に対して、共感性が高い接客をすることも求められるだろう。言語の壁の問題もあるので、皆さんの会社でも外国籍の人材採用を進めているのではないだろうか。

　配属を受けた現場のマネジャーとしては、早く組織になじみ、定着してほしいと考えて、日本のビジネス習慣やコミュニケーションスタイルを熱心に教えることになる。外国籍の人は、日本文化に関心を持っているからこそ日本に来るので、それに応えるようにしばらく働いていると、日本人と同じような振る舞いや考え方をするようになってくる。中には日本人以上に日本人的な人まで登場するようになる。

　しかし、これは矛盾している。あえて外国籍の人材を採用するのは、異文化を持ち込んでほしいからなので、そのままでいてくれた方がいいのである。これがインクルージョン（inclusion）ということで、外国人を日本人化す

第9章 ● ダイバーシティの深化で求められる配慮のマネジメント　221

ることや、女性を男性化することにならないよう、ありのままに活躍してもらうことが望ましい。違うということは強みであると考えたい。マネジメントする側が、同質性のマネジメントから脱却しなければならないのである。

第二に、具体的で明確な指示を出すよう心がけることだ。

文化的背景が異なるため、あいまいな指示に対して、前後の文脈で理解しろとか、空気を読んで対応しろというのは無理である。

こんなエピソードを聞いたことがある。机の上にいつもものが乱雑に置かれていて汚いので、「机の上はきれいにしてください」と注意した。これはミスを減らすためにも、情報管理を適切に行うためにも重要なことである。しかし、注意したにもかかわらず、机の上は汚いままだったそうだ。なぜ上司の指示に従わないのかと思い、再び「机の上はきれいにしてください。前にも注意しましたよね」と言ったら、きれいにしたとの返事だったそうだ。「きれいにする」というのはあいまいな指示なので、外国籍のメンバーはその人なりにきれいにしたのだろう。これはマネジャーの側が反省し、「帰る時は机の上には何もない状態にして帰ってください」と言い換えたところ、翌日からきれいに片づけられた机になったという。

IMAGINE

あなたは部下にものを頼む時に、いつまでにやればいいかと聞かれて、「なるはやで（なるべく早く）」というようなあいまいな指示をしたことはありませんか？（日本人にもこの指示では困りますが）

第三は、できる限りキャリアパスを明確に説明することである。

国によって、仕事上で大切だと思うことには大きな差がある。リクルートワークス研究所で実施した「Global Career Survey」（2013年）によれば、仕事上大切だと思うものは、日本人の場合1位が「良好な職場の人間関係」だったが、他の多くの国は「高い賃金」だった。会社を辞める理由も、日本人は人間関係に不満があったからというものが多く、他国は圧倒的に安い賃

金が原因になっている。そして、明確なキャリアパスを仕事上大切にしている割合は、日本人では 10.5％に過ぎないが、中国人の場合には 50.4％にも達している。つまり、今の仕事の延長線上に会社はどのようなキャリアパスを用意してくれているのか、頑張って成果を上げたらどのような道が拓けるのかを知りたいと思っているのである。

期待通りの成果になったかどうかをしっかり評価してフィードバックしてほしいという気持ちも強く、期待通りならばそれは報酬に反映してほしいという要望になる。

外国籍のメンバーを持つということは、そのような期待にマネジャーとして応えることや、説明責任を果たすことを求められるのである。

第四は、コミュニケーションの量を大事にすることである。

あうんの呼吸でわかり合うということを期待せずに、対話の量を増やすことだ。上司と部下は対話することが重要であり、対話を通じて信頼関係をつくっていくのだと考える外国人が多いということを忘れないようにしたい。

言葉の壁があるので、日本語でのコミュニケーションが円滑ではないメンバーだと、コミュニケーション量が少なくなりがちだが、間違ってもいいからとにかく自分から話すことが大事である。恥ずかしがらずに自分の言葉で話して、結果として相手に伝わることで、メンバーがマネジャーと話すことが楽しいと思える状態をつくることを目標にしてはどうだろうか。

9-6 仕事と介護の両立支援

仕事をしながら親の介護をする人の数は急速に増えている。総務省統計局「就業構造基本調査」（2017 年）によると、介護有業者は 346.3 万人となっており、前回調査時（2012 年）よりも 55.3 万人増加しているという。高齢社会になって、仕事と介護を両立する人は今後さらに増加していくものと考えられる。図 9-1 で仕事と介護の両立をする人をマネジメントした経験

がある人は22.4％だったが、今後すべてのマネジャーが直面するマネジメント課題になるだろう。

マネジャーにとって、介護を抱えるメンバーを持った時の最大のテーマは、介護離職を避けるということである。親の介護を抱えることになった人は、「自分しか親の介護をする人はいない」「会社にいると迷惑がかかる」「仕事と介護の両立に肉体的・精神的限界を感じる」という思考がめぐることになり、離職を考えてしまいがちである。

しかし介護離職は2つの意味で避けたい結論だ。ひとつは介護を抱える人の年齢は40〜50代であることが多く、会社にとってかけがえのない経験とスキルを持った人材である可能性が高いこと。もうひとつは、介護で離職してしまうと再就職できる可能性が非常に低くなってしまうため、キャリアへのダメージが大きいことである。

そこで、離職という安易な結論に至ってしまわないようにケアする役割を果たすことが期待されるのである。

そのためのポイントは3つある。

第一は、介護関連の制度に対して最低限の知識を持っておくことである。

育児・介護休業法により「介護休業制度」や「介護休暇制度」が定められている。これは、要介護状態にある家族を介護する労働者が利用するために、企業に義務付けられているものだ。

介護休業は、本人が介護するために取得するのではなく、これから続く長い介護において、どのように計画して実行していくか、プランを立てることを目的としている。親の介護というのは、自らが介護をするということではなく、サービスを使ってどのような介護を実現するかをプロデュースするということであり、そのための休業を制度化したものだと考えればよいだろう。要介護状態の家族1人につき3回まで分割して取得でき、通算して93日を限度に仕事を休むことができる。

介護休暇は、対象家族が1人の場合は年に5日まで、2人以上であれば年に10日まで、介護の必要がある日に半日単位で仕事を休める。

そのほかに、「時短勤務制度」「勤務制限」もある。また、転勤の配慮、制度の申し出による解雇の禁止なども、育児・介護休業法により定められている（こうした法制度は改正によって変わっていくので最新の情報をチェックしておくようにしてほしい）。

これらに加えて、介護休業が取れる期間の延長、取得頻度の増加、フレックスタイムでの就業など、企業独自のルールがある場合もあるので、事前に会社の制度を確認しておく必要がある。

介護が必要になった時に、最も身近で介護に関する全般的な相談を受けてもらえる先が「地域包括支援センター」であり、介護保険の申請ができる。地域包括支援センターでは、介護の相談、ケアプランの作成、社会サービスの連携、予防活動などを提供してくれる。

介護保険の申請と審査により、要介護度と呼ばれる介護のステージが認定される。ステージは、要支援1・2、要介護1・2・3・4・5の7段階に分かれ、要介護5が最も重い。要介護度が認定されると、ステージごとに月間で利用できる限度額が決まり、介護サービスを利用する場合は利用額の1〜3割を本人が負担し、残りを介護保険で賄うことができる。

介護サービスは、在宅介護の場合は、訪問介護やデイサービス、ショートステイなどを組み合わせて利用する。

要支援1・2は地域包括支援センターが、要介護1・2・3・4・5はケアマネジャーが、介護サービスをどう組み合わせていくかを一緒に考えることになっている。

詳細まで理解しておく必要はないが、概略を知っておくことで、休業等について適切に配慮することができるだろう。

第二には、隠れ介護を生まないようにすることである。

意外に思うかもしれないが、雇用者の実に43.6％が、親を介護している事実を会社には伝えていないということである。[7]これを「隠れ介護」という。

---

7 リクルートワークス研究所「全国就業実態パネル調査」（2018年）

介護には終わりがないため、もしも会社にそのことを伝えると、重要な仕事を任せてもらえなくなるとか、昇進に影響するといった不安がよぎるのだろう。

　特に、プライベートと仕事は別問題だという考えが強い上司のもとでは、隠れ介護になりやすい傾向がある。隠れ介護を続けていると、周囲の協力も得られず、会社の制度を利用することもできないため、突然の離職に至る可能性が高くなる。

　普段から、介護は誰にでも訪れること、会社にも支援制度があるので遠慮なく相談してほしい、というメッセージを発信しておくことで、隠れ介護による離職を未然に防ぐことができるはずだ。

　第三には、介護離職につながる兆候を理解し、特に初期のパニックに対して冷静に対処することである。

　図9-3で示したように、介護には離職を考えてしまうきっかけがいくつかあることがわかっている。その中でも初期パニックは離職を引き起こす可能性が高い。

　親の介護は心の準備をする時間もなく突然やってくる。本当は誰にでも訪れるものなので、両親が元気なうちに話をしておいて、介護が必要になった時の介護の方法などについて想定しておくことが理想だが、準備ができないうちにその日が来てしまう場合が圧倒的に多いだろう。

　この突然性が介護を抱える人の多くをパニックに陥らせ、冷静な判断をできなくさせるのだ。介護に関する情報もなく、相談先もわからず、優先順位も付けられず焦っている時には無理もないのだが、親に対する愛情や使命感が強ければ強いほど、「自分がなんとかしなければ」と自分を追い込んでしまう。そして、離職しかないと考えはじめる。

　こうした状況を乗り越えるために、マネジャーの果たす役割は大きい。メンバーの親が突然倒れて介護が必要になったと聞いたら、初期パニック状態になる可能性が高いと考えて対応してもらいたい。

　マネジャーは、会社の相談窓口や制度を紹介することができる。また、詳

図9-3　介護離職につながる7つの兆候

1	長期隠れ介護	昇進やリストラなどへの影響を心配し、長期にわたり介護していることを会社に隠し続けている状態
2	初期パニック	親が倒れたり、介護が必要となったことが急にわかった時、知識も情報源もなく不安が募る状態
3	余命宣告	持病の悪化などにより医師から親の余命を宣告され、残された時間を一緒にいようか迷う状態
4	認知症重症化	徘徊して警察から連絡が入る、ボヤ騒ぎが起きるなど、認知症による周辺症状が顕著になった状態
5	介護度急転	車いすの生活や寝たきりなど、ＡＤＬの急激な変化を目の当たりにして親の生活を心配する状態
6	片方の親の死	老老介護状態だった親の、どちらか一方の死亡、入院などにより、残された親を心配する状態
7	多重介護	夫婦双方の親の複数介護や、子育てと親の同時介護などで、仕事との両立が不安になる状態

出所：インクルージョンオフィスが運営するワークライフ・コンサルティングサービス「WOLI（ウォリ）」に寄せられた相談を分析したもの

細に状況を聞くことで、勤務時間の変更や柔軟な休みの取得に便宜を図ることができ、ジョブ・アサインメントにより仕事の負荷調整をすることも可能である。そして何より、この時点での離職のデメリットをマネジャーから伝えることで、介護離職を防止できるかもしれない。

9-7 メンタルヘルス疾患問題に対する配慮

　働く人の誰しもが発症する可能性がある、抑うつ状態、うつ病、適応障害といった、気分が落ち込んで活動が停滞する状態になったメンバーのマネジメントについて考えてみたい。うまく対処できないと、休職・離職につながり、復職しても再発を繰り返す可能性もあるため、いかに未然に防ぐかがポイントになる。

　厚生労働省の「労働安全衛生調査」（2022年）によると、現在の仕事や職業生活に関することで、強い不安、悩み、ストレスを感じる事柄がある労働

者の割合は82.2％となっている。誰でもメンタル不調になる可能性があると言っていい。具体的には（主なもの3つまで回答）、仕事の量36.3％、仕事の質27.1％、対人関係（パワハラ・セクハラを含む）26.2％、役割・地位の変化等16.2％、仕事の失敗・責任の発生等35.9％、顧客・取引先等からのクレーム21.9％、などとなっている。

　特定のストレスが原因となって、不安や抑うつ、焦燥感などの精神症状や、不眠や食欲不振、全身倦怠感、疲労感、頭痛、吐き気などの身体症状が出てくると、適応障害と診断される。一般的に、ストレスが生じてから1カ月以内に発症し、ストレスが解消してから6カ月以内に症状が改善するとされている。

　適応障害が長く続くと、うつ病となり、気分の持続的な低下、興味喪失、エネルギー不足、自己評価の低下などの症状を伴う。

　最大のマネジメントポイントは、初期的な変化を見落とさないことである。［JA ㉔健康ケア］を日々のコミュニケーションの中で行っていけばよい。

①勤怠の変化

　……遅刻が多くなる、欠勤が増える

　……無断欠勤をする

　……残業している姿がいつもと違い苦しそうに見える

②仕事の変化

　……以前であれば簡単にできていた仕事がこなせなくなる、遅くなる

　……会議で集中が持続しない

　……仕事の業績が急に低下する

　……報告・連絡・相談がなくなる

　……否定的な発言が増える

③態度の変化

　……思いつめた表情をしている、口数が減る

　……以前と比べて明らかに痩せている

……服装が乱れている、汚れている

　このような変化は、対面はもちろん、テレワーク中でもオンラインミーティングなどで気がつくことができる。兆候があったら、まずは声をかけ、別室で何かあったのか傾聴することからはじめよう。

　マネジャーが対処できることはたくさんある。職場でこれまで活躍してきたメンバーが突然メンタルに不調を起こし、異変が見てとれるのであれば、何か原因があるはずで、マネジャーはその原因に対処することができるかもしれない。原因が仕事や職場に関するものであれば、迷わず介入すべきである。

　長時間労働などによる過労があるならば、時間的・量的な業務軽減を行うことだ。休日出勤、夜間勤務、出張などもできる限りなくして、就労を制限する必要があるだろう。複数の仕事をしている場合には、マルチタスクから解放してひとつにすることも有効である。気分転換も兼ねて、有給休暇をまとめて取得することを勧めてみるのもいい。

　人間関係が原因となっているならば、その相手との協働が発生しないように、仕事の組み合わせを変えることや、原因となっている顧客との折衝を別の人に任せることなどが考えられる。マネジャー自身がストレスの原因となっていることもある。冷静・客観的に見て、自分自身がそうだと思うならば、上司に報告して人事異動も含めた対処をお願いしたり、他の部下に直接的な指示を任せるなどの対処をした方がいいだろう。

　個人情報保護の観点から、メンタルに不調をきたしているという情報は、まわりの社員に漏らさないことも重要だ。病気の状況や体調をヒアリングする場合も、必ず別室に呼んで行うなどの配慮をする必要がある。

　本人がメンタルの不調を実感している場合には、産業医の面談を受けるように勧めることも重要である。会社によっては、外部の専門機関とEAP（従業員支援プログラム）契約を行って相談体制を用意している場合もあるので、そのような方法を使えば、まずは内々に専門家のアドバイスを受けることが

できる。その結果、専門医の診断を勧められることもあるし、休職や勤務状態の変更という産業医の判断が出ることもあるので、その判断に従って対処することだ。早期の受診や面談を経ておくことで、長期化する事態を回避することができる。

　ただし、産業医面談や EAP の活用を勧める時は、伝え方次第では、マネジャーから否定されたと感じて傷つくこともあるため、現在のつらさから早く解放されるためには専門家を活用した方がいいと、マネジャー自身の考えを丁寧に伝えることや、一緒に対処方法を考えていこうという姿勢をうまく伝える必要がある。

　もしも本格的にうつ病になり休業すると、復職することができたとしても、長期にわたって苦しむことが多い。厚生労働省の調査では、1 年以内の休暇再取得の割合は 28.3%、2 年以内で 37.7% となっている。

　また、メンタルヘルス疾患により休職が発生した場合、残された人数で仕事を回さなければならず、これまで同様の業績を上げることが困難になるが、それを理由に欠員が補充されることはあまり期待できない。いち早く兆候に気づき適切に対処することは、業績のためにも欠かせないことなのである。

1分間で読める！　第⑨章サマリー

☐ ダイバーシティはダイバーシティ・エクイティ＆インクルージョンへと深化
　→残された課題は多様な人材をマネジメントするスキル
☐ ジョブ・アサインメントのスキルが身についていれば課題は半分クリア
☐ 自分自身の中にあるアンコンシャス・バイアスを認識する
　→「ステレオタイプ」と「統計的差別」を防ぐためにメンバーの個性を知る
☐ 女性リーダー輩出のためのポイント
　①早い時期からリーダーの機会を与える　②出産前後のキャリア支援
　③両立のための時間的配慮　④スポンサーになる
☐ 年長者の経験を活かすためのポイント
　①「頼る」リーダーシップの発揮　②価値観に合ったアサイン
　③若年者と補完関係が成り立つチームづくり　④丁寧なフィードバック
☐ 外国籍のメンバーとのコミュニケーションのポイント
　①安易な日本人化を避ける　②具体的で明確な指示
　③キャリアパスの明示　④コミュニケーションの量
☐ 仕事と介護の両立支援のポイント
　①介護関連制度の最低限の知識　②隠れ介護を生まない
　③初期パニックに対する冷静な対応（→介護離職を回避する）
☐ メンタルヘルス疾患に対する配慮のポイント
　→初期的な変化を見落とさない

関連 JA ＝（すべて関連するが）⑩⑪⑫㉒㉔㉛

第10章

マネジメントの経験学習
——多面観察評価を活かす

10-1 マネジメントとリーダーシップは違う

　ここまでマネジメントについて解説してきたが、次のような疑問が湧いてこなかっただろうか。「マネジメントとリーダーシップはどこが違うのか？」。この2つはしばしば混同されることがあるし、相互補完的だという考え方もあるので、わかりにくいかもしれない。それでも私は2つを別物として扱うことには大きな意味があると考えている。

　リーダーシップとは何かについては第4章で詳しく説明済みであるが、ここではマネジメントとリーダーシップを対比して考えてみよう。

①リーダーシップは新人段階からすべての人が発揮することを期待されるのに対して、マネジメントは管理職になってはじめて発揮することを期待される能力である

②リーダーシップはどのような仕事に就いても発揮することを期待される「基礎力」であるのに対して、マネジメントはマネジャーに対して求められる「専門力」である

③リーダーシップは人の数だけ正解があるためにひとつの正解はないが、マネジメントはHOWを問うものなので、ある程度の正解が存在する

　図10-1に整理したが、③に示したようにマネジメントは学習によってレベルアップすることが可能だということで、これが重要なポイントである。逆に言えば、マネジャーになったからといってマネジメントができるようになるかというとそうではなく、マネジメントを学習しなければできるようにはならないのだ。

1　カナダ・マギル大学のH. ミンツバーグ教授は「Good managers lead, good leaders manage」という言葉を残している。リーダーシップはマネジメントの一部だという主張である

図10-1 マネジメントとリーダーシップの違い

	リーダーシップ	マネジメント
P.F.ドラッカー	正しいことを行うこと	物事を正しく行うこと
J.コッター	変化に対処すること （改革の主導）	複雑な状況に対処すること （オペレーションの管理）
S.コヴィー	望む結果を定義しており、何を達成したいのかという質問に答えようとするもの	手段に集中しており、どうすれば目標を達成できるかという質問に答えようとするもの
	WHATを問う	HOWを問う

日常の行動習慣として形成　　　　専門的な知識・技術として
されるもの　　　　　　　　　　　学習するもの

IMAGINE

あなたはこれまでにマネジメントを体系的に学習したことがありますか？

　自分自身のマネジメントに自信を持てていない人が多いことはすでに述べた通りだが、それは単純な理由で、マネジメントを学習しようという発想がなかったか、もしくは学習する機会がなかったからだろう。

　マネジャーにはリーダーシップも必要だが、それに加えてマネジメントも必要だ。これまではリーダーシップが強調されて、マネジメントは軽んじられる傾向があったが、両方がなければ優れたリーダーにはなれない。

10-2 経験学習のサイクルを回す

　マネジメントスキルを身につけるための学習はどのようにすればいいのだろうか。

　マネジメント研究で著名なH.ミンツバーグは、著書『マネジャーの実

図10-2　マネジメントの三角形

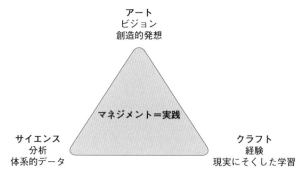

出所：H. ミンツバーグ『マネジャーの実像』

像』[2]の中で、マネジメントの三角形を次のように提唱している。

マネジメントは、アート、クラフト、サイエンスの3要素がそれぞれの頂点をなす三角形の中で行われる。
アートは、マネジメントに理念と一貫性を与える。クラフトは、目に見える経験にもとづいて、マネジメントを地に足がついたものにする。そしてサイエンスは、知識の体系的な分析を通じてマネジメントに秩序を見いだす。

　アートとは、マネジメントはこうあるべきという理念や哲学のようなものである。サイエンスとは、たとえばマネジメント行動の科学的分析から見いだしたジョブ・アサインメントの体系などの理論である。クラフトとは、これまでの上司のマネジメントを受けてきた経験であり、マネジャーになって実際にマネジメントを行って得られた体験だと理解している。これらのバランスを取りながら実践の中で身につけていくのがマネジメントであり、アートに偏れば「ナルシスト型」になり、サイエンスに偏れば「計算型」になり、クラフトに偏れば「退屈型」になるとミンツバーグは述べている。

---

2 ヘンリー・ミンツバーグ著、池村千秋訳『マネジャーの実像――「管理職」はなぜ仕事に追われているのか』（日経BP）

実践の中で経験を通じて身につけていくということについては、もう少し議論を展開しておきたい。

　D. コルブの経験学習モデルに登場してもらおう。経験学習モデルでは、4つのステップで学習を進めていく。

①**具体的経験**（Concrete Experience）

　……実際の業務や活動を通じて具体的な経験をする

　……良質な業務経験を選択し成長に必要なスキルを獲得する

②**省察的観察**（Reflective Observation）

　……具体的経験を多面的に振り返る

　……内省や第三者のフィードバックを通じて新たな考え方を形成する

③**抽象的概念化**（Abstract Conceptualization）

　……省察的観察で得た気づきをもとに経験を一般化・概念化する

　……成功体験や失敗体験を抽象的に整理し、知識やノウハウとして体系化する

④**能動的実験**（Active Experimentation）

　……抽象的概念を実際の業務に応用して試行する

　……繰り返し学びを獲得し成長を促進する

　これら4つのプロセスを繰り返していくことで、実践経験を通じて学習が進んでいくのである。具体的経験が起点であり軸である。

　もうひとつ、アメリカのリーダーシップ研究機関であるロミンガー社が提唱した「ロミンガーの法則」についても紹介しておきたい。これは3つの要素から成り立っている。

①**経験＝7割**

3　経験学習の理論の考案者で、Experience Based Learning Systems 社の創立者兼会長。共書に『最強の経験学習』（辰巳出版）がある

図10-3　マネジメントの学習プロセス

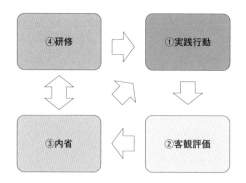

①職場におけるマネジメントの実践
②多面観察評価（360度フィードバック）によるメンバーからの評価や、上長からのマネジメント評価・指導
③マネジメントに関する内省
④マネジメントに関する研修受講や読書

　……経験から得られた知識や技術。漫然と仕事をするのではなく、成長目標を持って挑戦した経験であればより有益である

②薫陶＝2割

　……上司や先輩からの指導。人との関わりを大事にすることと、内省することが重要である

③研修＝1割

　……研修受講や読書など。経験から得た知識を体系的に定着させるためのもので、吸収した知識に自分の知識を付け加える

　いずれも実践経験を軸に学習プロセスを組み立てている。これらの考え方はすでに企業内能力開発で採用されていて、マネジメントの学習についても例外ではない。マネジメント学習の例によりあてはめて整理するならば、図10-3のようになるだろう。

　ここでいう内省は［JA ㉜内省］そのものである。客観評価は多くの会社では多面観察評価という方法を使って行われるが、次節10-3で詳しく説明しよう。

10-3 多面観察評価を活かす

　マネジメントの客観評価として多くの会社で導入しているものに多面観察評価がある。多面観察評価（またの名を360度フィードバック）は、同僚、上司、部下、時には顧客からのフィードバックを集めて、マネジャーの業務能力、行動、態度などを評価している。

　1970年代から導入している会社はあったが、1990年代になってアメリカで普及が加速した。日本では2010年前後から、働き方改革やダイバーシティ化、マネジメントスキル強化などを背景に広まってきており、大企業ではすでに過半数が採用している。

　一般的な評価制度と比べて公平性や客観性に優れているのが大きな特徴であり、マネジャーが自分自身のマネジメントを多面的に把握し、気づきや成長の機会を得ることが目的となる。また、マネジャーのマネジメントスキル向上によって、メンバーの仕事満足度向上につなげることや、パワハラ等を防止するといったねらいもある。

IMAGINE

　あなたは多面観察評価の被評価者になったことはありますか？

　あなたの自己評価とメンバーからの客観評価の間にギャップはありましたか？

　多面観察評価では匿名でメンバーからの評価を受けるが、思っていたよりも低いスコアが付いてショックを受けるマネジャーが多いものだ。しかしそれは悪いことではない。もちろん自己評価とメンバー評価が高い水準で一致しているのが最も良い状態だが、自己評価の方が低いよりは良いとされている。自己評価がメンバー評価よりも低い状態を過小認知というが、これは謙虚ということではなく、単純に自信がないか、それともメンバーが低い点数

第10章 ● マネジメントの経験学習──多面観察評価を活かす　239

を付けた時に傷つかないように自己防衛していると考えられるからだ。メンバーの点数が少なくとも自己評価より高いことを確認し、安心して終わるので、多面観察評価がマネジメントの学習に結びつきにくい。

　一方で、自己評価がメンバー評価よりも高い過大認知の場合は、認知不協和を解消するために原因追及・解決行動をとる傾向があり、それがマネジメントレベルを上げることにつながるので、多面観察評価を行った効果が出るのである。

　注意事項としては、低い点数や辛口のコメントを付けたメンバーが誰かを探るような犯人探しをしないこと。そのようなことからは何も生まれない。多面観察評価は最低でもメンバーの人数を3人以上としており、標準を5～7人とすることで、誰かを特定しにくいように設計されている。コメントシートもスコアの理解を促進するための補助的なものなので、人事や上司だけが確認して、マネジャーにはフィードバックしない会社もあるはずだ。

　効果を上げるためのポイントとしては、経験学習モデルにあるように、結果をもとにした上司との対話を大事にすることだ。全体傾向と自分自身のスコアを照らし合わせて「高い」「低い」という傾向を見て、これからのマネジメントについての改善点・工夫点を一緒に考えるのである。マネジメント上の目標を決めるというのもいいだろう。そして、改善点・工夫点を具体的経験・実践行動に移していき、次回の多面観察評価でできているかどうかを確認する。

　もちろん改善点・工夫点を考えるうえでは、研修や専門書を活用する方法もある。これを数回繰り返せば、マネジメントはかなりの上達が見込めるのではないだろうか。

10-4　ハラスメントに対する正しい理解

　多面観察評価のコメントでは、メンバーがマネジャーの行動に対してハラ

スメントだと指摘してくるケースが散見される。実際にハラスメントにあたる行為をしているのかどうかはわからない。ハラスメントという言葉が広く使われるようになり、「○○ハラ」という新語が次々に生まれている状態だ。マネジャーの振る舞いが正当なものであっても、メンバーが不快に感じたら「ハラスメント」だと言い立てて過剰に反応することがある。これを「ハラスメント・ハラスメント（ハラハラ）」というらしい。それでも、メンバーからハラスメントだと書かれたらマネジャーは傷つくだろう。少なくとも日常の信頼関係ができていないからこそ起きることである。

多面観察評価は、ハラスメント（言いがかりも含めて）をブラックボックスにせずに、適切に向き合うという対応装置の役割も果たしている。

近年、ハラスメントを根絶していこうという機運は大きな高まりを見せており、2019 年には ILO 第 190 号条約「仕事の世界における暴力及びハラスメントの撤廃に関する条約」が採択された。

日本は批准していないが、2020 年 6 月に「ハラスメント対策関連法」が施行されている。その概要は以下の通りである。

□パワーハラスメント防止措置の法制化（労働施策総合推進法）
□取引先や顧客等からの著しい迷惑行為に対する望ましい取り組みの明確化（労働施策総合推進法）
□ハラスメントに対する国、事業主、労働者の責務の法制化（労働施策総合推進法、男女雇用機会均等法、育児・介護休業法）
□ハラスメントの相談を理由とする不利益取り扱いの禁止（労働施策総合推進法、男女雇用機会均等法、育児・介護休業法）

マネジメント上も最善の注意が必要になるところなので、ハラスメントの類型ごとにポイントを解説していこう。

第 10 章 ● マネジメントの経験学習——多面観察評価を活かす　241

①セクシュアルハラスメント

　根拠となる男女雇用機会均等法では、「職場において行われる性的な言動に対するその雇用する労働者の対応により当該労働者がその労働条件につき不利益を受け、又は当該性的な言動により当該労働者の就業環境が害されること」をセクハラの定義と定めている。

　男女雇用機会均等法はセクハラを2つに類型している。

□職場において、労働者の意に反する性的な言動が行われ、それを拒否したことで解雇、降格、減給などの不利益を受けること（対価型セクシュアルハラスメント）

□性的な言動が行われることで職場の環境が不快なものとなったため、労働者の能力の発揮に大きな悪影響が生じること（環境型セクシュアルハラスメント）

　対価型は、あらためて説明の必要もないくらい、誰でもセクハラだと認識しているものだろうが、環境型は知識のないマネジャーだと犯しがちなため、代表的な例を示しておこう。

例）「彼氏（彼女）はいるの？」など、異性関係についてしつこく質問する行為や、「どこに住んでいるの？」「休みの日は何をしているの？」など、プライベートに深く踏み込む言動

例）会社で使うパソコンの待ち受け画面を水着や下着姿の女性にしている、グラビア写真集や過激な内容の雑誌をデスクに置いておく言動

例）飲み会の席では異性の社員が嫌がっているにもかかわらず、無理に隣に座るよう強要する行為やお酌を求める言動

例）「男なのだからしっかりしろ」「女はもっとおしとやかにしろ」など、男女の固定観念を個人に押し付ける言動

242

THINK

LGBTQ（性的少数者）との関連で特に注意すべき環境型セクハラにはどのようなことがあると思いますか？　考えてみましょう[4]。

②マタニティハラスメント・ケアハラスメント

妊娠・出産・育児休業・介護休業等に関するハラスメントのことで、育児・介護休業法が根拠になっている。

職場において行われる上司・同僚からの言動（妊娠・出産したこと、育児休業等の利用に関する言動）により、妊娠・出産した「女性労働者」や育児休業等を申出・取得した「男女労働者」の就業環境が害されることをマタハラという。またケアハラは、働きながら介護をしている従業員に対して嫌がらせをしたり、必要な制度を利用させなかったりするなどの不利益な行為全般を指す。

マタハラは2つに類型されていて、「制度等の利用への嫌がらせ型」（対象者は関連制度等の申出や取得等をした男女労働者）と「状態への嫌がらせ型」（対象者は妊娠等をした女性労働者）がある。

具体的にマタハラ・ケアハラに該当する言動を例示しよう。

例） 妊娠の報告に際して「おめでとう。でも困ったなあ。君もわかっているだろうけど、これから繁忙期になるので、欠員が出ると他の人に迷惑がかかるんだよね」というような、産休等の制度利用を阻害する言動

例） 出産、育児のための休暇の申請に対して「今は休まれると困る」「休むなら辞めてもらうしかない」「妊婦健診は出勤日じゃなくて休日にしてほしい」というような、休暇の取得を困難にする言動

4　2017年に改正・施行された男女雇用機会均等法では「被害を受ける者の性的指向や性自認にかかわらず、これらの者に対する職場におけるセクシュアルハラスメントも、セクハラ指針の対象となる」ことが明記された。「性別役割分担意識」に基づく言動に注意したい

第10章　● マネジメントの経験学習──多面観察評価を活かす　243

例）「女性は出産したら専業主婦になる方がいい」というような、価値観を
　　押しつける言動

例）「大変だろうから、この仕事は別の人に代わってもらうよ」というような、
　　一方的に仕事内容の変更や配置転換をする言動

例）介護休業を請求しようとした時に「自分なら請求しないけどな」という
　　ように制度利用を阻害する言動

例）「奥さんにやってもらえばいい」というように、他の家族が対応するこ
　　とを迫り、休業をあきらめさせる言動

例）「いつ介護が発生するかも、いつまで介護が続くかもわからない人に大
　　事な仕事は任せられない」として降格させる言動

　例では少しきつく書いているが、このような趣旨の言動をしてしまうこと
は結構多いものだ。注意してもらいたい。

③パワーハラスメント

　パワーハラスメントは、労働施策総合推進法第30条の2で、「職場にお
いて行われる優越的な関係を背景とした言動であって、業務上必要かつ相当
な範囲を超えたものによりその雇用する労働者の就業環境が害されること」
と定義されている。

　パワハラに該当する行為は6つに類型化されている。

①身体的な攻撃……暴行や傷害など

②精神的な攻撃……脅迫、名誉棄損、侮辱、ひどい暴言など

③人間関係からの切り離し……業務場所の物理的な隔離や、仲間外れ、無視
　　　　　　　　　　　　　　　など

④過大な要求……達成不可能なノルマを課すなど

⑤過小な要求……能力や経験とかけ離れた程度の低い仕事を命じること

⑥個の侵害……私的な交際等に干渉すること

図10-4　30代国家公務員アンケートの結果

Q. 過去数年間で上司から業務遂行に関して受けた厳しい指導の中で、次のような言動を受けたことはありますか（いくつでも）

理不尽な指示をされた	42.2 (%)
大声で叱責された	35.6
能力を否定された	24.9
机を叩くなど感情的な言動をされた	22.5
人格を否定する発言をされた	21.3
長時間叱責された	17.8
該当するものはない	37.5

Q. あなたはそれをパワー・ハラスメントであると感じましたか

パワハラと感じた	38.3 (%)
パワハラとは言わないが不満を感じた	56.9
不満と感じなかった	4.8

出所：人事院『公務員白書　平成30年版』（2018年）

　難しいのは、パワハラと業務上必要な指導との境界線である。問題があるメンバーがいれば、マネジャーとして行動を改めるよう指導しなければならないが、その時にパワハラと訴えられたらどうしようと思ってしまうと、二の足を踏み、必要な指導もできなくなってしまうことが懸念される。

　図10-4を見ていただこう。これは平成30年版の『公務員白書』に掲載されている、30代職員を対象とした調査結果である。これを見ると「該当するものはない」と回答した37.5％以外は選択肢に示されたような厳しい指導を受けた経験を持っている。パワハラと感じるか、パワハラとは言わないが不満を感じていることになる。上司は叱ったつもりなのだろうが、パワハラと感じたり不満を感じたりしたのであれば、叱ったことのプラスの効果はなかったということになる。

　叱るという行為には、テクニックが必要なのである。

IMAGINE

　あなたは過去数年間に上司から業務遂行に関して受けた厳しい指導の中

第10章 ● マネジメントの経験学習——多面観察評価を活かす　245

で、パワハラだと感じたものや、パワハラとまでは言わないが不満を感じたものはありましたか？

10-5 正しく叱る

　それでは、パワハラにならず、本来の目的（メンバーに改善を促す）にかなう叱り方とはどのようなものなのだろうか。

　これまでのパワハラに関する判例を読み込むと、どのような言動がパワハラに該当するのかがわかるので[5]、それの逆を行く方法を望ましい叱り方だと考えることにしよう。そうすると、叱り方のテクニックは次の通り4つのポイントに整理される。

ポイント①：1対1で叱る　×人前で

　叱る時は、他の人が聞いていないところで叱ることだ。第5章でほめ方の技術について、人前でほめた方が効果的であると書いたが、それと反対になる。マネジャー席の前に立たせて、他のメンバーが聞き耳を立てているような状態で叱れば、叱られた側は恥ずかしさが先に立って、内容が頭に入らないかもしれない。自信を失い、萎縮してしまう人もいるだろう。

　判例にも、叱責メールを職場の他の従業員にも一斉送信したというものがある。業務成績不振に対してメンバー全員に奮起を促す目的があったとしても、侮辱行為にあたるだろう。

ポイント②：行動を叱る　×人格を

　叱る対象は何かということだが、行動を改めるよう促すことが叱るということだと考える。行動は反省すれば変えられる。変えられないものは叱って

5　小笠原六川国際総合法律事務所『判例から読み解く　職場のハラスメント実務対応Q＆A（第3版）』（清文社）などが参考になる

はいけない。「おまえは役立たずだ」「給与泥棒」などの言動は人格を否定するものでしかなく、全くプラスにはならない。

判例にも「ああ、もう邪魔邪魔。ちょっとあっち行って座っててちょうだい。Dさん、悪いけどCさんの仕事、代わってやってくれる？」と発言した例があった。

ポイント③：簡潔に叱る　×長々と

叱るというのは、叱る側も叱られる側も嫌なものだ。できるだけ簡潔に短い時間で済ませたい。叱る時は真剣に叱るが、終わったら元に戻って今まで通りに会話をするのが望ましい。叱ったことのフォローとして、同時にほめるという人もいるが、メンバーによっては叱られたことを忘れてしまう人もいるので、あまり良い方法とは言えない。

判例でも、別室で長時間にわたり繰り返し叱責されたというケースが散見される。はじめは神妙に聞いていたとしても、同じことを何度も言われれば反感を持つのは当然のことだろう。

ポイント④：冷静に叱る　×感情的に

マネジャーは叱る時に冷静でなければならない。怒るのではなく叱るのである。冷静さを失うと、言わなくてもいい余計な暴言を吐いてしまったり、論理性を失ったりしてしまう。

判例でも、周囲の机を蹴飛ばしながら叱責したという例が出てくるし、図10-4の公務員アンケートにも「机を叩くなど感情的な言動をされた」というものがあった。ゴミ箱を蹴るなどの行為も、現場を萎縮させるだけで何もいいことはない。

この４つの境界線を意識しておけば正しく叱れるはずだ。マネジャーは[JA ㉚改善指導]をしなければならない立場なので、叱り方のコツを身につけてほしい。真剣に向き合って叱ってくれた上司は、良い上司として思い出

第10章 ● マネジメントの経験学習──多面観察評価を活かす　247

に残るものだ。

TRY IT

　正しく叱る４つのポイントは暗記して、次回メンバーを叱らなければならない時に必ず実践してみてください。

10-6　マネジメントの醍醐味

　第１章で、マネジメントが好きではないマネジャーは結構多く、マネジャー予備軍からも敬遠されている不人気職種だと書いた。逆にマネジメントという仕事をとてもやりがいのある楽しい仕事だと感じている人もいる。

（再掲）

Q. わたしはマネジメントの仕事が好きだ

A. **大いにあてはまる　13.1%**

　　あてはまる　31.1%

　　ある程度あてはまる　27.8%

　　あまりあてはまらない　26.2%

　　まったくあてはまらない　1.6%

　大いにあてはまると回答している人は、どこにやりがいを見いだしているのだろうか。統計的な分析は行っていないが、会話した時の内容や私なりの推論からすると、マネジャーとして任される仕事の大きさや、それを仲間であるメンバーとともに追いかけることの楽しさがあるのだと思う。

　ひとりでできることには限界がある。もっとやりたいと思っても自分の時間は24時間しかなく、たちまち限界が来てしまう。時間があったとしても、能力の限界でできないこともたくさんある。

　C. G. ユングは、人生の後半期に入ると有限性の自覚が生まれると主張し

248

た。能力や時間の有限性に気づき、それを強く意識するようになるというのである。ちょうどそのような年齢段階の時にマネジャーに昇進し、そこから部長、役員とマネジメントを担う立場になっていくのは、他者を通じて業績を上げる責任者として、メンバーとともに歩むことで限界を超えて壮大な夢を追いかけられるからではないかと思う。

マネジャーになることで新しい夢を追いかけられるのだ。若い時から持ち続けている価値観を思い出し、チャレンジする機会を与えられる。会社が掲げる理念や戦略と自分自身の思いや価値観が共鳴すれば、仕事の楽しさを再発見できるだろう。「過去と他人は変えられない。あなたが変えられるのは自分自身と未来だ」という言葉があるが、自分自身がマネジメントを楽しむことができれば、他人も変えられるし、もちろん未来も変えられるのではないだろうか。

そう考えるかどうかが、マネジメントが好きか否かの分岐点になるのかもしれない。

もうひとつ、マネジメントが好きだという人に共通すると思うのは、メンバーとの人間関係を楽しいと思っているということである。

人間関係ほど、楽しさと苦しさの両方の源となることはない。できの悪い部下がいて大変だという人がいるが、マネジメントが好きな人はそのような考え方はしないと思う。一見優秀に見える人は、その人の良い部分が見えているだけ。駄目に思える人材は、悪い部分が見えているにすぎないのだと考える。誰にでも「強み」と「弱み」があるのだから、自分が強みを見つけてあげて、機会を与えれば、生き生きと力を発揮するのだと考える。その瞬間に立ち会えることが何よりの喜びだ、という発言を聞いたことがある。前任者からマイナス情報を伝えられたメンバーでも、前評判を疑ってみることだ。自分がマネジャーになったことでその人の職業人生を良い方向に変えてあげ

---

6 ユングは40歳を人生の正午と呼び、「午前には影だったところに光があたる」「以前は価値ありと考えていたことの値踏みのし直しが必要になる」「これからの問題は昔の処方箋では解決できない」と主張した

第10章 ● マネジメントの経験学習——多面観察評価を活かす　249

られたなら、これほどの冥利はない。

　人の才能というものは隠れていて、本人ですら気づいていないことが多々ある。良いマネジャーは才能の目利きなのだ。才能がつぼみから開花へと至る瞬間には、できるだけ多くの人にそれを知らせてあげる。[JA ㉗ディスクローズ] することで、花はさらに大きく咲き誇る。

　儒学者であり歴史家でもある司馬光の言葉に「経師は遇い易く人師は遭い難し」がある。経文の文や章句の講釈をしてくれる人はいるが、人の行うべき道を教えてくれる師はいないものだという意味である。「あの時あの上司のもとで仕事ができたから自分は成長できた。あの人の部下で良かった」と、いつの日かメンバーに思ってもらえるならば、素晴らしいことだと思う。そのようなメンバーとは、異動しても転職しても定年になっても、良好な人間関係が生涯にわたって続くものである。

　それがマネジメントという仕事ならば、とてもやりがいのある仕事なのではないだろうか。

　そして、マネジメントができるようになることで、自分自身を無限に成長させることができるし、マネジメントのプロになることで仕事に信念が芽生え、ぶれることがなくなる。

　やはり、マネジメントの仕事は、人生の後半期にやってみる価値がある仕事なのではないだろうか。本書を通じて、そのような想いを持っていただける読者がいたならば、私も著者冥利に尽きる。

　本書の締めとして、マネジメントに関係する名言を紹介したい。私の好きなものを３つ選んだ。

人を用いるには、すべからくその長ずる所を取るべし 人それぞれに長ずる所あり、何事も一人に備わらんことを求むることなかれ <div align="right">徳川家康</div>

ダメな部下はいない
ダメなリーダーがいるだけだ

起業家　ジャック・マー

他人に花をもたせよう
自分に花の香りが残る

精神科医・エッセイスト　斎藤茂太

1分間で読める！　第10章サマリー

□マネジメントとリーダーシップは違う
　→マネジメントにはある程度の正解があり学習可能
□マネジメントの三角形（アート・クラフト・サイエンス）を意識しつつ、経験学習サイクルを回す
□経験7割、薫陶2割、研修1割
□多面観察評価はマネジメントの客観評価を行う貴重な場
　→上司との対話やマネジメントの再学習を経て、マネジメント目標を立てる
□パワハラ等のハラスメントについて正しい理解を
　→正しい叱り方のポイント
　①1対1で叱る　②行動を叱る　③簡潔に叱る　④冷静に叱る
□マネジメントに醍醐味あり
　→ひとりには限界があり、マネジメントを通じることで新しい夢を追いかけられる
　→メンバーとの生涯にわたる人間関係が生まれる
　→自分自身を無限に成長させられる

関連JA＝㉗㉚㉜

大久保幸夫（おおくぼ・ゆきお）
1983年、株式会社リクルート入社。人材サービス事業部企画室長、地域活性事業部長、リクルートワークス研究所長、専門役員などを歴任後、現在フェローおよびリクルートワークス研究所アドバイザー。2010～2012年、内閣府参与を兼任。株式会社職業能力研究所代表取締役、一般社団法人人材サービス産業協議会理事、中央大学大学院戦略経営研究科客員教授、財務省コンプライアンス推進会議アドバイザーなども兼任する。
著書に『キャリアデザイン入門（Ⅰ）（Ⅱ）』『マネジャーのための人材育成スキル』『会社を強くする人材育成戦略』『女性が活躍する会社』（共著）、『一人ひとりを幸せにする支援と配慮のマネジメント』（共著）、『能力を楽しむ社会』（以上、日経BP 日本経済新聞出版）、『マネジメントスキル実践講座』『日本型キャリアデザインの方法』（以上、経団連出版）、『30歳から成長する！「基礎力」の磨き方』『上司に「仕事させる」技術』（以上、PHP研究所）、『日本の雇用』（講談社）、『新卒無業。』（東洋経済新報社）、『ビジネス・プロフェッショナル』（ビジネス社）、『仕事のための12の基礎力』『正社員時代の終焉』（編著）（以上、日経BP）など多数。
働くことについて、キャリア・人事・労働政策の視点を組み合わせて研究を続けている。

マネジメントのリスキリング
ジョブ・アサインメント技法を習得し、他者を通じて業績を上げる

著者◆
大久保幸夫

発行◆2024年9月30日 第1刷

発行者◆
駒井永子

発行所◆
経団連出版

〒100-8187 東京都千代田区大手町1-3-2
経団連事業サービス
電話◆[編集] 03-6741-0045　[販売] 03-6741-0043

印刷所◆株式会社 加藤文明社

©Okubo Yukio 2024, Printed in JAPAN
ISBN 978-4-8185-1962-6